キリスト教の本質
「不在の神」はいかにして生まれたか

加藤 隆 Kato Takashi

NHK出版新書
708

キリスト教の本質――「不在の神」はいかにして生まれたか　目次

序――キリスト教は西洋文明にとっての本質か……9

第1章　「キリスト教」についてのアプローチ……27
大規模な社会現象としてのキリスト教
神とイエスの出来事
「教え」を信じる社会組織の形成
キリスト教諸宗派全体の理解は不可能である
キリスト教の成立前後に着目する

第2章　ユダヤ教の諸段階……41
〈1〉カナンへの定住――普通の一神教［前十二世紀］……46
カナンに定住した「十二部族共同体」

ヨシュアによる「選択の自由のない選択」
人は間違った神を選ぶかもしれない
人が選んでも神が応じるとは限らない

〈2〉北王国の滅亡――本格的な一神教［前八世紀前半］……63
ヤーヴェを自分の神とする「普通の一神教」
ダビデ、ソロモンのイスラエル統一王国
北王国による多神教的傾向
神が民を捨てた――北王国の滅亡
ヤーヴェ主義者で純化した南王国
「本格的な一神教」の誕生
神は契約の当事者にはなれない
未練で残るヤーヴェとの関係
「人が罪だと動かない」の真意

〈3〉神の前での「自己正当化」の排除［前二〜前一世紀］……96
バビロン捕囚から解放されたユダヤ人
「申命記改革」と「申命記的歴史」

聖書成立のプロセス
モーセ五書についての四資料説
全体が物語で、変更のできない「掟」
一般民衆のレベル向上をはたしたシナゴーグ
預言者はなぜ見限られたのか
「これでいい」という思い込み
「敬虔」では救われない
「トーラー」をめぐる議論
〈4〉「律法主義」への収斂［一世紀末］……158
洗礼者ヨハネの洗礼でも神は動かない
神の介入があって行動したのはイエスだけ？
人間の努力では救いは実現できない
第3章 キリスト教の成立……167
〈1〉神に選ばれたイエス……168
イエスの意義

神が動きはじめて生じた状況
キリスト教の成立――神なしの領域での宗教ビジネス者たち
イエスはキリストで、主でもある
〈2〉さまざまな教会のさまざまな教え……180
キリスト教の本質
指導者パウロの巧妙なテクニック
四つの福音書、立場の違い
マルコ福音書の場合
マタイ福音書の場合
ルカ福音書の場合
「イエスの洗礼」、それぞれの解釈
神を裁く者
第4章 キリスト教と「世俗化」……205
西洋文明に適した「二重構造の宗教」
ローマ帝国によるキリスト教の国教化

キリスト教の社会的・政治的有用性
中世の終わりを告げた科学技術
「正義」がなくなった宗教的立場
「世俗化」の進展と残された課題

第5章 日本とキリスト教の関係について……233

ストラスブール大学で学んだ十一年
「比較文明類型論」を構築する
普遍主義は「西洋的」で「地方的」
宗教は「敬して遠ざける」
キリスト教についての当面の二つの方針

あとがきにかえて……251

序——キリスト教は西洋文明にとっての本質か

日本がキリスト教と本格的に取り組むようになったのは、明治になってからである。明治元年は、一八六八年。今は二十一世紀初頭である。およそ百五十年ほどが経っている。この間《かん》に、キリスト教についての雑学的知識は、多くの人がもつようになった。しかしキリスト教がどのようなものなのかについては、今になっても、しっかりした理解ができていない。

キリスト教を理解することは、西洋文明を理解することと密接に結びついている。「西洋文明」という問題が明治以来、日本にとって、不可避で、巨大で、緊急な課題となったから、西洋文明の重要な要素だと思われるキリスト教の理解が、明治以来、重要な課題となったのである。

キリスト教を理解しなければ、西洋文明が理解できないのではない。しかし、キリスト教が理解できないでいると、西洋文明の姿に厚い雲が広くかかっているようで、西洋文明についてのせっかくの理解がどうもすっきりしないということになってしまう。

キリスト教と西洋文明との関係は、よく整理しておかないと、思わぬ誤解に陥ってしまう。この点について曖昧《あいまい》にしていると、この「曖昧な理解」を前提にした上での、「キリスト教」についての理解、「西洋文明」についての理解が、根本から間違ったものになってしまう。

「西洋文明」は、今の世界で、指導的・支配的な位置にある勢力である。「西洋文明」に対して日本がどのような態度であるべきなのかを、適切に吟味・理解しておくことは、きわめて重要な課題である。日本は、きわめて重要であるはずのさまざまな問題についても、曖昧な理解、ありきたりの対応でも済んでしまえて、「これでいいのだ」として生活できる文明世界である。重要であるはずのあらゆる問題について、すべての日本人がきちんとした理解をすべきであると、要請すべくもない。

しかし真摯《しんし》な場であるはずの「研究会」といった場面でも、情けない出来事が生じたりする。「キリスト教」や「西洋文明」について、私が発言していた時に、ある日本人大学教授が「ぼくはね、若いころ、国体（国民体育大会、昭和二十一年から毎年開催）の選手だったんだ」と言って、屈伸運動のような動作を始めた、ということがあった。これは、負け惜しみの捨て台詞《ぜりふ》のようなもので、屈伸運動の場合は、言葉でなく、行為による罵《のの》りになっている。自分の劣勢が明らかになった場合に、自分の優位を確保したい。

私は、ここ数年来、膝《ひざ》などの関節に痛みがあって、歩くには杖を用いるのが不可欠の状態である。そのような私の前で、体の問題に着目して突然に屈伸運動をしてみせるこの大学教授は、よほど、何とかして私を傷つけたいと欲していたと思われる。少しでも余裕があると、自分は偉いのだ、自分は偉大なのだと見せつけることしか考えつかないこうした態度は、個人でも、国や文明社会といった大きなまとまりでも、古代以来、頻繁に認められる残念な姿である。人間存在や世界存在の全体性が考慮しきれていない態度でしかないこと、決定的な欠如があって、つまるところ二流以下でしかない立場であることを物語る姿になってしまっている。

「大学教授」などというと、知的な営為の最高峰のあたりの作業を進めている者かと考えてしまうが、現実には、残念ながら、このような肩書が付されている者のスタンス（stance 構え）が、期待されるようなレベルの営為にはるかに及んでいない場合が多い。もちろんのことだが、思索するはずの者がこのような態度では、不適格である。

キリスト教と西洋文明との関係について、簡単に、重要点を確認する。

キリスト教は、西洋文明にとっての、本質的な要素ではない。西洋文明は、古代の「ギリシア・ローマ」の時代に生じて、培《つちか》われ、大きな勢力になった文明世界である。

しかし、この西洋文明に、大きな危機が生じた。ローマ帝国は強大になり、発展をつづけた。一一七年ころ、トラヤヌス帝（在位九八～一一七）の時代が、「ローマ帝国最大版図《はんと》」だと教わるが、西洋文明の基本構造を維持するのが、だんだんと困難になってきた。自由人が、隷属的な一般人を支配するという二重構造が、安定しなくなる。さまざまな対策が講じられた末に、四世紀になって、「キリスト教」を国の構造を支える手段として採用したのが、当を得た結果になった。

キリスト教は、崩壊の危機に瀕《ひん》していた西洋文明を支えて、さらに存続ないし延命させるきわめて有効な手段・道具だった。しかし「近代」になって、科学技術の成立・進展があって、社会が豊かになると、「キリスト教」から脱却しようとする動きが生じる。これが「世俗化」である。「キリスト教」は、「西洋文明」にとっては、「必要な時には必要だが、なしで済むなら、ない方がよいもの」「必要な場合にはそれを活用すべきだが、本当に必要でない場合には無駄なもの」である。

「キリスト教」は、危機的な状態（「神の沈黙」）にあったユダヤ教の問題を巧みに利用して成立し、母体だったユダヤ教から分裂して発展した。多様な立場を採用し、さまざまな分派を生じさせることができ、さまざまな社会構造にあまり障害なく適応できるという特性がある。その中で、西洋文明の、上層が「自由人」、下層が「隷属的な一般人」という二重構造に適応した流れが時宜《じぎ》を得て、さらに成長・拡大し、ローマ帝国に国教として採用されて、西洋的二重構造を維持するのに多大な貢献をした。

しかし、この「西洋的キリスト教」は、上層の者（つまるところ「聖職者」）が、下層の者（貴族も含む「一般人」）を支配するという支配構造を堅固に保持するという面では優れていたが、上層の者にもさまざまな拘束があって、「自由人」の「自由」にあたるはずの状態が、窮屈なものになっていた。「〈不十分な自由〉しか確保できない」ことが、「キリスト教」が厭《いと》われる最大の理由だと思われる。「近代」、科学技術の成立・進展、豊かな社会、によって、「西洋文明」の本来的な二重構造、自由人・隷属的な一般人という二重構造、が確保できる見通しが立つようになってきた。「キリスト教」に役立ってもらう任務が解消してきたのである。そこで本格的で大規模な「キリスト教離れ」「世俗化」が生じた。

「近代」という時代がいつから始まるかといったことを、確定するのは困難である。画期的な出来事、転機となる出来事、ランドマークとして、デカルト（一五九六～一六五〇）の『方法序説』（Discours de la méthode）の公刊は、意義ある目安になる。一六三七年である。簡単に言うなら、学問（科学）において真理を探究するための方法（基本的態度）について、確定する議論が行われた。「われ思う、ゆえにわれあり（Cogito, ergo sum）」が、きわめて有名な言葉になっている。

この言葉は、多くの場合に、しっかりとした解釈ができていない。デカルトの立場では、教会が強制してくる権威主義的思考態度から、学問的・科学的な思考が解放されている、という大枠の評価は適切である。大枠が適切なので、「われ思う、ゆえにわれあり」の解釈が的はずれでも大過ない、時代の流れの大きな方向については間違いない、となるのだが、「われ思う、ゆえにわれあり」についての問題も解決しておく。

デカルトは、「われ思う、ゆえにわれあり」という主張に先立って、「方法的懐疑」という議論を行う。自分の周りにある事物や事柄のうち、少しでも確かではないと認められるもの、疑う余地があるもの、をどんどん捨てていく。確かだとされているものでも、確かではないと認める。ところで、「私が考える」「われ思う」という事態も、デカルト流の

「方法的懐疑」を当てはめれば、「不確かだ」「疑う余地がある」とすることは、比較的容易だと思われる。興味旺盛な子供なら、小学校高学年くらいで気づくことである。

それから、「われあり」「私はある」という、結論部分である。これは「私の存在が、確かである」というような意味で、存在そのもののあり方を、少なくとも「われ」「私」について確認するものだ、と考えてしまう。ここで、巨大な疑いの雲が、加藤少年の頭に出現してしまう。「存在が確認される」ということも、実は、何のことなのか不明だらけである。有名な言葉だし、デカルトという超有名な思想家が言うことだからと、この「存在の確認」を認めたにしても、この存在確認が、なぜ、「私が考える」ということからだけ帰結するのか。「私は食べて飲む、だから、私は存在する」「私は、あの女の子に恋している、だから、私は存在する」「私は、さんざんにいじめられている、だから、私は存在する」等々ではいけないのか。

「方法的懐疑」のさまざまな議論の後、「われ思う、ゆえにわれあり」の主張が記されるのだが、ここで、議論の流れが歪《ゆが》んでいる（ように思われる）。

しかし、デカルトの議論のこの奇妙な運びについて解決がつく。西洋においては、「われあり」「私はある」という表現には、大きな伝統がある。それは、聖書由来のものである。

聖書において「神」は、「神」にあたるいろいろな普通名詞で指示されている。ヘブライ語の「エル」「エロヒム」など。ギリシア語の「テオス」など。「主」と翻訳できる、ヘブライ語の「アドナイ」、ギリシア語の「キュリオス」も、「神」の意味の普通名詞のようになっている。さらに、固有名詞も、神の名として、用いられている。有名なのは、「ヤーヴェ」だろう。その他にも、いくつもの「固有名詞」が、神の名として用いられている。いくらか長い「アブラハムの神、イサクの神、ヤコブの神」も、神の名である。

そうした「固有名詞」の神の名の中に、「私はある」という表現がある。出エジプト記三章に記されていて、有名である。「エジプトからの脱出」の企《くわだ》ての指導者になるようにと、神自身がモーセに命じる場面である。羊飼いの仕事をしていたモーセが、「燃え尽きない柴」に気づいて、近づくと、神がモーセに声をかける。「私はある」という表現は、一四節に記されている。六節で神はすでに、自分の名を述べている。「私は〈アブラハムの神、イサクの神、ヤコブの神〉だ」と述べている。「エジプトからの脱出」の企ての指導者になるようにと、神はモーセに命じる。モーセは躊躇《ちゅうちょ》する。しかし、結局のところ、指導者の役割を承知する。そして、「人々のところに行って、神が私を遣わした」と言ったら、人々は、「その名は、何か」と尋ねるだろう、「その際に、どう答えるべきか」と、モーセは神に尋ねる。

神は、物語の流れから普通に想像できるところでは、次のように答えるだろうと思われる。「私の名は、さっき（六節）述べたではないか。もう忘れたのか。忘れやすいなら、メモをしろ。私の名は、〈アブラハムの神、イサクの神、ヤコブの神〉だ」。これは、私（加藤）の想像である。

ところが、神は別の名をモーセに言い聞かせる。「私は、〈私はある〉（ヘブライ語では「エイイェ」）だ」（一四節）。この「神による第二の名の表明」は、元の物語に、後からかなり無理して挿入された雰囲気が濃厚である。

この「私はある」は、いろいろとある神の名のひとつである。「主語＋述語」という文のような姿になっているが、この表現全体が名詞として扱われている。

この「私はある」という表現は、新約聖書のヨハネ福音書で、イエスが「私は○○である」という表現を多用していることでも目立っている。「ヨハネ福音書における I AM Statements」と言われたりしている。「私は命のパンだ」（六章三五、四一、四八、五一節）、「私は世の光だ」（八章一二節）、「私は良い羊飼いだ」（一〇章一一、一四節）、など。

聖書における、この「〈私はある〉」という神の名については、さまざまな議論がなされている。しかし、確実なのは、「私はある」「エイイェ」という名の者は、聖書の伝統では、「神」だという点である。

「われ思う、ゆえにわれあり（Cogito, ergo sum）」という表現において、デカルトは、この聖書的伝統での「私はある」を用いていると考えるべきである。つまり「私は考える、だから、（私は）スムだ」つまり「（私は）神だ」と言っていることになる。さらに敷衍《ふえん》するなら、「（科学的に）考えるということをしている者は、その者が神である」と主張されていることになる。そして、こうした主張は、神の権威を占有して、権威を行使している教会に対立する立場、別の立場があることの確認になっている。「（科学的に）考えるということは、それ自体が神なのであり、したがって、教会の指導に服するものでない」という確認である。

デカルトのここでの議論は、哲学的議論、存在論についての論理的思索にはなっていない。「方法的懐疑」のいろいろな検討などを見ると、価値中立的な論理的議論であるかのようだが、これはカモフラージュである。デカルトは、「科学的思考は、教会の権威に服従しない」ということを主張したい。そこで、いろいろと議論した挙句《あげく》に、突然「私は考える」は「懐疑」にあてはまらないとする態度になる。「教会」に「（科学的思考をするところの）自我」を対立させたい。「科学的思考」に、神の権威、つまり、教会の権威に服従しない権威、を認める主張を行う。こうした議論を、論争的（ポレミック）な議論と言う。西洋の「哲学的な議論」は、論理的な議論であるかのような体裁になっていても、（そして、部分的には、優れた論理的議論も認められるけれども）、多くの場合は、結局は、論争的な議論であり、教会の権威からの解放を目指す「世俗化」の企ての一環として見ると、理解できる場合が多い。

そして、実際に、「科学的思考」の「教会からの締め付けからの自由・解放」は着々と進行する。このことを物語る有名な事件は、やはり、ガリレオ・ガリレイ（一五六四～一六四二）関連の出来事だろう。

「キリスト教離れ」「世俗化」の動きは、大規模でゆっくりしたものである。

このことについての、日本との関連での考察に戻る。

「キリスト教離れ」「世俗化」の動きは不可逆に進んでいるのだから、キリスト教のことは無視していいのではないか、西洋文明そのものだけをしっかりと見据えればよいではないか、と考えてしまうかもしれない。しかし、キリスト教のことを無視してしまうのは、文明全体の理解としては、きわめて脆弱《ぜいじゃく》である。

明治という時代は、十九世紀後半である。西洋の近代では、キリスト教の社会的支配を相対化する「世俗化」と呼ばれる、巨大でゆっくりした動きが進んでいて、キリスト教が社会全体を漏れなく支配しているという状態がはっきりと崩れ出したのが、ちょうど十九世紀の真ん中あたりである。

十九世紀後半の西洋文明は、キリスト教をはっきりと無視する人があっても、社会的に特に問題ないという事態が生じたばかりの時期のものである。「キリスト教なし」の近代西洋文明の諸価値に、日本は、西洋との接触の当初から、接することができた。そして、日本は、日本にとって役立ちそうなさまざまな価値を、この近代西洋文明から取り込んでいく。科学技術関連の分野と、いわゆる「近代的な」(つまり「西洋的な」)社会諸制度の分野が、二つの大きな柱だったと言える。

近代になってから、西洋文明の魅力・影響力は、地球規模できわめて大きなものになって、その状態が今も継続している。しかし、世界の大きな規模の非西洋の諸文明で、従来の文明のスタイルを完全に捨てて、西洋文明的になってしまった文明はひとつもない。今

（二十一世紀初頭）、世界の様子を見渡すと、非西洋的な諸文明で、もっとも西洋的な姿になっているのは日本だと言ってよいと思われる。

このような日本ではあるが、日本は西洋になってしまっていない。さまざまな面で、また場合によってはかなり深く本格的に、西洋的なものを消化し、取り込んでいるが、日本文明は、やはり西洋ではなく、日本固有の日本文明であるままである。西洋にきわめて接近していながら、西洋になりきらない、という状態は、精妙な感覚に基づいた、慎重な判断に基づいたものであるように思われる。しかし、この判断は、西洋とは何か、日本とは何かについての、しっかりした理解に基づいて、比較検討がなされた上で沈着に抽出された判断ではないようである。

感覚的な判断、本能的な判断でしかないのではないかと思われるところが、どうしても存在する。そもそも、日本において、西洋文明は、百五十年ほどの努力によって、適切で十全に理解されるようになったかというと、心もとないところがある。西洋文明についての理解が、いつもどこか、いびつなものになってしまうのは、究極のところでは、「自由」をもっとも重視する西洋文明を、日本文明の根本的原理である「和」の立場から理解しようとするからである。西洋的なものをこれほどに取り込んでも、日本が西洋になりきらないのも、「和」の立場を堅持しながらアプローチを行うからである。

念のために述べるが、私は、日本が、日本文明の従来からのあり方を廃止して、根本的・全面的に西洋文明化すればよいと判断しているのではない。逆に、西洋文明的なものは全面的に拒否して、従来からの日本的あり方だけを尊重すべきだと考えているのでもない。「西洋は魅力的でよいところがたくさんある、日本にもよいところがそれなりにたくさんある、それでもやはり西洋化すべきだ、あるいは、やはり日本的あり方を維持すべきだ」といったような、好みの問題ではない。人類が進めてきた「文明化」のプロセスがもう後戻りできないとして、その観点から、西洋的あり方と、日本的あり方の、どちらかを選ばねばならない、どれかを選ばねばならない、ということにはならない状態にあるからである。しかし、これは人類全体にとっての文明化の問題、諸文明の評価の問題になってしまい、本書ではとりあげきれない。議論・考察は、別の機会にゆずることにする。

西洋における、キリスト教の位置づけについても、指摘が必要である。

明治以来の日本にとって、西洋文明に対してどのような態度をとればよいかは、不可避で、巨大で、緊急な課題だった。この状況は、実は、今も、明治の時と基本的に同じである。

　西洋文明について、根本的なところで、しっかりした理解がない。したがって、西洋文明との関連におけるしっかりした方針をもつべくもない。そのような状態でありながら、西洋文明に取り込まれてしまうのでもなく、西洋文明を拒否するのでもないまま、生き延びてきた。西洋文明の本質についての無理解・無感覚こそが、日本文明のもっとも本質的で奥深い態度の現れだ、と言いたくなるほどである。

　何はともあれ、生き延びてこられているのは、独自のものである日本文明を棄てないという観点からは、積極的に評価すべきことである。重大な課題があるのだが、きちんとした理解や解決を先送りできている。理解や解決を先送りするのは怠慢である。しかし、この怠慢が、破局には結びついていない。

　怠慢がそのままであっても、それが必ず破局に結びつくとは限らない。ほんとうに取り組まないでいるうちに、問題自体が、いつか、消えてしまうかもしれない。しかしこれは、一つの可能性でしかない。怠慢のままでいると、破局になるかもしれない。破局とまではならなくても、たいへんな惨事になるかもしれない。できる準備があるならば、やっておくべきだろう。

「十九世紀の真ん中あたり」で、「キリスト教が（西洋の）社会全体を漏れなく支配しているという状態がはっきりと崩れ出した」と先に述べた。これは、キリスト教が、西洋文明にとって本質的でない、古代末期から近代に入るあたりまでの、補強用の杖のようなものだったということに、西洋人も気がつきはじめている、ということを意味する。

しかし、知識人とされるような人でも、西洋人が、キリスト教の権威を無視する考え方を身につけているということには、なかなかなっていない。長い間、強力に支配的だったキリスト教の影は、簡単には消滅しない。こうした事情をリアルに物語るテキストがある。夏目漱石の「マードック先生の『日本歴史』」という、明治四十四年（一九一一）の文章である（『漱石文明論集』三好行雄編　岩波文庫、一九八六年所収）。

マードック先生（James Murdoch　一八五六〜一九二一）は、漱石の恩師のひとりであるイギリス人で、日本研究者である。一八五三年時点では、「僅か五隻のペリー艦隊の前に為《な》す術《すべ》を知らなかった」のに、日本が「最近五十年間」に豹変《ひょうへん》する。それで西洋人は、この「開化」に驚いている。ただし、マードック先生が紹介する〈日本の「開化」についての、西洋人一般の判断〉には、漱石が「われらの思い設けぬ」とするような考え方がある、として、次の立場が紹介されている。

西洋人が予期せざる日本の文明に驚ろくのは、彼らが開化という観念を誤り伝えて、耶蘇《ヤソ》教的カルチュアーと同意義のものでなければ、開化なる語を冠《かん》すべきものでないと自信していたからである

つまり、西洋が優れているのは、キリスト教があるからだ、というのが、西洋人の一般常識である、とされている。念のために、マードック先生はこうした安易な常識には距離を置いている。これについて、漱石は、「耶蘇《ヤソ》教的カルチュアーでなければ開化といえないとは、普通の日本人にどうしても考え得られない」と述べている。

ここで述べられているのは、二十世紀の初めころの状況である。西洋文明がすぐれているのは、西洋がキリスト教の文明だからであるとする考え方は、西洋でも二流の知識人レベルでは常識になっていた（本書の末尾で簡単に検討する、ドイツのハルナックは、その一例である）。漱石がキリスト教についての西洋での同時代の動きにどれほど敏感だったのか、ここで参照している文章では分からない。いずれにしても、キリスト教なしで西洋文明を導こうとする動き、「世俗化」の動きが、西洋の主流であり、二十世紀の初めには、かな

り熾烈《しれつ》な事件がつぎつぎに生じていた。一九〇五年のフランスでの「政教分離法（Loi de séparation des Églises et de l'État）」の成立は、この「世俗化」の動きのあり方を物語っている。キリスト教の有用性が終わりに近づいて、今は二十一世紀の二〇年代だが、キリスト教の有用性はますます薄れている。

本書では、キリスト教とはどのようなものかについて、その本質を明らかにすることが、直接的に扱う第一の課題である。この作業を通して、キリスト教なるものについてのしっかりした理解ができるようになる。

またキリスト教は、古代末期に西洋文明に採用されて以来、西洋文明にとってきわめて重要な役割を果たしてきた。しかし、西洋近代において、キリスト教は、「世俗化」の進展に見られるように、（古代末期以来）不可欠だった役割を終えようとしている。

キリスト教と西洋文明との関連のこうした様子を検討することで、「キリスト教の本質」を、歴史の中の現場で再確認できるし、西洋文明がいかなるものかについても意義ある検討を行うことができる。

第1章　「キリスト教」についてのアプローチ

大規模な社会現象としてのキリスト教

キリスト教なるものの本質を明らかにするのが、本書の課題である。「キリスト教の本質」を理解するとは、人類の文明構築の流れの中で、キリスト教とはどのようなものであったのか、どのような役割を果たしてきたのか、キリスト教の有用性が終わりに近づいているとはどのようなことなのかを、理解することである。

キリスト教は、ここ二千年ほどの期間に、大きな規模の社会現象として展開してきた。この社会現象を、その全体像において把握し、理解する。枝葉末節《しようまつせつ》にこだわるばかりで、断片的な姿や理解を並べても、しっかりした理解は獲得できない。基本的で、最重要で、不可欠なところを、手際よく指摘して、全体の理解を示さねばならない。

キリスト教についての勉強を始めたころ、私は、文字通り「暗中模索」の状態だった。見通しがつかない。全体はもちろん、ほんの小さな部分についても、見当もつかないような状況である。なんとか手掛かりを見つけようとするが、うまく行かない。

「キリスト教」とされる現象は、あちこちに認められる。「教会」や「キリスト教徒」などには、かなり容易に接することができる。「キリスト教徒」がどのような活動をしてきたのか、その記録や痕跡も、豊富にある。特に「聖書」が重要だということになっていて、「聖書」を手にして内容を見てみることも比較的容易に始められる。しかし、「キリスト教」全体がどのようなものなのか、見当がつかない。全体のイメージが獲得できていない。

対象が巨大なので、部分的な理解を進めることから始めねばならない。しかし、ほんの小さな部分であっても、全体が分かっていないと、部分をきちんと理解できない。

たとえば、「キリスト教徒」とされるような者たちは、「自分たちは罪深い」といったことをかなり頻繁に主張している。なのに、彼らは、ひどく偉そうに振る舞っている。「罪深い」ことが、大きな功績であるかのように振る舞っている。特に、キリスト教徒でない者たちを軽蔑《けいべつ》している。

キリスト教の内部でも、大中小のさまざまな分派があって、互いに対立し、場合によっては、「敵」である分派を「異端」「無神論者」などと決めつけて、皆殺しを目指すような熾烈で大規模な戦争を行ったりしてきている。

「キリスト教」は、このようなモヤモヤした存在だが、合理的に理解可能である。「合理的」とは、英語で言うなら rational という意味である。「論理的」と訳すべきような logical な、単純な論理整合性のことではない。

個人の人生といった小規模な動きでも、論理的（logical）でしか価値評価ができないなら、「論理的でない」「筋が通らない」ところがあれこれ認められて、「人生」は論理的には、たちまちのうちに壊滅し、総崩れになるべきだということになってしまう。しかし、さまざまな破綻《はたん》があっても、多くの場合、人生の流れは「何故か」存続する。「何故か」という副詞句は、論理的には壊滅して当然なのに、それなりにまとまった流れが消滅しないことに対応している。

「人生」というのではテーマが大きすぎるなら、「結婚生活」というようにテーマを限定してみると、分かりやすいかもしれない。「結婚生活」は、多くの場合、「何故か」存続する。「論理的（logical）には破綻しているのに、なんとか存在しているのは、合理的（rational）なところがそれなりにあるからだ」ということになる。付け加えなければならないのは、合理性もなくなってしまうと、存在の意味が全面的になくなってしまうので、存在そのものが消滅してしまう。「キリスト教の有用性が終わりに近づいている」と言えるのだが、これは、キリスト教についての合理性が消滅しようとしている、という意味である。

神とイエスの出来事

キリスト教は、巨大な現象で、曖昧模糊《あいまいもこ》とした現象である。「キリスト教の本質」がどのようなものかは、本書の全体で検討する課題である。短く要約するのは、至難である。

しかし、最初から何も述べないのでは、「まったくの暗闇の中で、手探りしろ」と突き放すことになってしまう。謎めいたところ、説明不足のところがあるかもしれないが、キリスト教についての、とりあえずの「見取り図」のような指摘をしておくのは、役に立つかもしれない。

キリスト教は、今（この本を執筆しているのは二〇二三年）から二千年ほど前の、イエスという者の活動が発端になって生じた。

イエスは、ユダヤ人でありユダヤ教徒である。イエスの活動は、当時のユダヤ教の根本的な大問題に対応するものだった。「当時のユダヤ教の根本的な大問題」とは、「神との断絶」である。「神が沈黙している」「神が〈神の民〉に関わらなくなった」ことである。

この「神との断絶」の問題については、当時のユダヤ教では、さまざまな試行錯誤があった。しかし、どの試みにおいても、「神との断絶」の問題は解消しない。

ところが「神との断絶」が、全面的でないと考えられる事態が生じた。イエスについてだけ、「神の介入」「神からの働きかけ」があった。長く、全面的に沈黙していた神が、小規模とはいえ、積極的に動いた。神が、「沈黙している」「動かない」ということをやめて、「動きだす」ということになった場合、神は、人を否定的に扱う、世界を滅ぼす、といったように介入してもよかったのかもしれない。しかし、イエスの場合には、積極的・好意的に介入した。神はイエスについて、「救いの業《わざ》」を行った。

ここまでは、いわば「神とイエスの出来事」であり、「キリスト教」では、まだない。

「教え」を信じる社会組織の形成

ところが、「キリスト教」が生じる。つまり、宗教団体という社会組織が生じる。重要なのは、この社会組織の生成が「神との断絶」の状態が続いている領域での出来事だという点である。

神の介入、「救いの業」は、イエスについてだけ生じた。イエス以外の者にも「救いの業」が行われたのかもしれないが、いずれにせよ、神の「救いの業」の介入は、小規模だった。

人が神を操縦する、人がやらせたいことを神にやらせる、人が神に命令する、といったことはできない。真似事のようなことをしても、有効ではない。したがって、「救われていない者たち」は、神がまた自発的に「救いの業」を行うのを待つしかない。

ところが、この状況を、宗教ビジネスに利用する者たちが登場する。彼らは、救いを実現するための「教え」を宣伝する。どうすれば救われるか、つまり、どうすれば神を都合よく動かせるか、という体裁の指導をする。

さまざまな指導者が現れ、さまざまな指導がなされる。人が集まらない場合、ビジネスとして失敗した場合も多かったと思われるが、人集めに成功する場合も少なくなかった。「神を動かす方法」はそもそも存在しない。なのに、「こうすれば神を動かせる、こうすればあなたは救われる」と指導する。「教え」は、このように神学的には無根拠なものである。社会的に効果があるか、人集めに成功するかどうかが勝負どころである。「どうすればよいか」の項目として、組織のメンバーになる、集会に参加する、ということが重視されるのは、このためである。神と実質的に繋がっているかは実はどうでもよく、集団勢力が、社会的に表現されているかどうかが重要である。

これらの「教え」は、社会的な宣伝でしかないという意味で、無根拠で、本来は価値のない内容なので、その「教え」に価値があるとする態度としては、「信じる」という態度しかあり得ない。

こうして、さまざまな「教え」に、それを「信じる」者が従属する。人間集団が生じる。一種の社会組織が生じる。これが「教会」である。「教え」は、人集めができればよいので、人集めの成功する教えは、あれこれと出現する。さまざまな立場の「教会」が生じるのは、このためである。

キリスト教諸宗派全体の理解は不可能である

「キリスト教」を理解する上では、大きく言って二種類のアプローチがある。

一つは二千年近くの間に「キリスト教」が展開した姿を観察・理解して、それらを総和すればキリスト教が分かる、とするアプローチである。こうしたアプローチは、「キリスト教」とされている現象のすべてを等し並みに考慮し検討しようとしていて、「キリスト教」という対象に対する姿勢として誠実かもしれない。

しかし、実際には、必要な作業をきちんと実行することが不可能である。「キリスト教」はきわめて大規模な動きとなっていて、この上なく複雑な姿を示してきている。単純素朴な構えで「キリスト教」の全体を理解しようとするなら、「キリスト教」なるもののそれらの事象の全てを、観察・理解しなければならない。そのような作業は、対象が量的に膨大であるために実行不可能である。

キリスト教諸宗派のすべてを全面的に理解することはできない。しかし、このことは、調査・勉強を少し進めてみるだけで、すぐに理解できる。また、次のような問題もある。「キリスト教」には、大中小のさまざまな分派が生じてきている。それらの分派は、互いに立場が異なっているから分裂している。そして、分派間のさまざまな対立は、場合によっては厳しいものになり、対立する相手を皆殺しにしなければ済まないような「キリスト教」内部の戦争になったりもした。

こうした熾烈な対立が生じているのに、それらをまとめて「キリスト教」と言ってしまえるのかと疑問に思われるほどである。「キリスト教」がなぜこのように内部で分裂するのか、それなのに、それらをまとめて「キリスト教」となぜ言えるのかについても、本書で考察する。

この機会に重大な誤りになっている点を、注意点として指摘する。

「キリスト教」はさまざまな分派に分かれている。それらの分派のどれかの立場を信奉している者、多くの場合「キリスト教徒」「信者」が、自分が信奉している分派で教えられている「キリスト教」が「キリスト教全体」の姿だと主張するような誤りである。どの分派も自分たちの立場こそが「真のキリスト教」「正しいキリスト教」だと教えているから、このような事態が生じることになる。独りよがり、独善、になっている。

しかし、他の分派からは、そのような「キリスト教」は異端であり無神論であり、誤りであって、別の「キリスト教」こそが、その分派では、「真のキリスト教」「正しいキリスト教」とされている。「目糞鼻糞を嗤《わら》う」という日本語の表現にぴったりとあてはまる場面が繰り出されている。自分は完璧だ、正しい、と「信じ込んで」、他のすべてを否定的に決めつけて軽蔑する態度である。狭隘《きょうあい》な理解に閉じこもっている者たちは、キリスト教を分かっていると主張する。どう理解すべきか、どうすべきか、どう考えるべきか、が分かっていると主張する。さまざまな分派が存在していて、自分たちが理解しているのは、そのうちの一つでしかないということは明らかなはずなのに、その狭隘な理解が、「キリスト教の全体」の理解だと主張してはばからない。

日本には、仏教が、日本的な仏教の範囲内でも、さまざまな分派になっているという状況がある。しかし、それぞれの分派に属する者たちで、自分たちの「仏教理解」が「仏教全体の理解」だと主張する者はいない。「わたしらのとこ（自分たちの宗派）では、こうです。でも、あちらはん（別の宗派）では、ちごてます」、といった具合である。日本の知識人で、「仏教が分かっている」と言い切る者はいない。

しかし、「キリスト教」ということになると、自分たちの狭隘な「キリスト教理解」が「キリスト教全体の理解」と主張されている。そのような独りよがりの「キリスト教理解」を振りかざす者たちは、日本語では「キリスト者として云々」と誇らしげに言うことが多いようである。しかし「キリスト教」の全体の姿、さまざまな対立を含んだ複雑な姿を見渡せば、すべてを理解できないことは明らかであり、「私はキリスト教が分からない」となるはずである。「自分のキリスト教」を「キリスト教」そのもの、と主張するのは、やめるべきである。

キリスト教の成立前後に着目する

二千年近くの間の「キリスト教」の事象に注目するアプローチは、実行不可能である。しかしもう一つのアプローチならば、（幸いにして）「キリスト教」をうまく把握できる。

「キリスト教」は、紀元後一世紀前半のイエスの活動がきっかけになって生じた。イエスの活動はユダヤ教内部での改革運動と言うべきものだったが、そこから展開した流れが一世紀の末あたりに従来のユダヤ教から分裂して、ユダヤ教とは別の流れになり、「キリスト教」といわれる独立した流れになった。

「キリスト教」成立前後のこうした様子には、のちに展開する「キリスト教」の本質的要素がすでに備わっている。成立前後の「キリスト教」も複雑だが、二千年近くにわたる「キリスト教」の展開全体に比べれば、規模ははるかに小さい。慎重に検討するならば、全体像を把握することができる。

そこで、成立前後の「キリスト教」の様子を検討することにする。まずは最初のきっかけになったイエスの様子に注目することになる。

イエスの意義は、どのようなものなのか。

イエスは、今は「中東」の「パレスチナ」と呼ばれる地域にいたユダヤ人である。イエスは普通のユダヤ人青年の一人だった。ところが社会的に目立った活動をするようになり、まもなく処刑されてしまう。「十字架刑」だったようである。処刑されるまでの社会活動の期間はかなり短く、一年間ほど、長くても二〜三年だった。

イエスは「キリスト教の創始者」ということになっている。それで完全に間違い、ではないのだが、コトは単純ではない。イエスは何もないところから突如として「キリスト教」なるものを創出した、「キリスト教」と言われることになる運動を開始した、のではない。イエスの活動には前提がある。ユダヤ教である。「イエスの活動はユダヤ教内部での改革運動と言うべきものだった」と述べた。

イエスはユダヤ人であり、ユダヤ教徒である。ユダヤ教は民族宗教なので、ユダヤ人ならユダヤ教徒である、ユダヤ教徒はユダヤ人である。

そのユダヤ教の改革運動を、イエスは行おうとした。つまり、イエスがいた当時のユダヤ教には、問題があった。そしてその問題について何とかできると思うからこそ、イエスは目立った活動を行った。問題があるだけでは、何らかの活動を行うことにはならない。問題があって、その問題をなんとかできると思うのであれば、目立った活動をすることになる。ではユダヤ教のその問題とは何か。

簡単に言えば、「神の沈黙」「神が動かないこと」である。しかし、ユダヤ教のこの問題の意味を十分に理解するには、ユダヤ教が如何《いか》なるもので、イエスの当時までどのように展開してきたのかを知らねばならない。

「キリスト教は何か」を知るために、「ユダヤ教は何か」を知らねばならないことになった。これでは課題が横滑りしただけで、しかも課題が一つ増えたことになっている。しかし「ユダヤ教を知る」ことは、「キリスト教を知る」ことに比べて、かなり取り組みやすい。

ユダヤ教は、中規模の集団であるユダヤ人たちの一つの民族宗教集団の立場である。地球規模で二千年近く展開し、無限と思えるほどに内部が多様になったキリスト教に比べれば、はるかにまとまりがある流れになっている。

第2章 ユダヤ教の諸段階

この章では、ユダヤ教の成立と展開について検討する。

ユダヤ教も、いつとも知れぬ昔から存在していたのではない。それまで存在していなかったものが、歴史的経緯の中で成立した。具体的には前十三世紀に生じたとされる「出エジプト」の出来事が発端だとされている。

大まかに言うなら、「出エジプト」の事件によって「ユダヤ民族」というまとまりが出現し、「ユダヤ民族」は「ユダヤ教」の宗教集団なので、ここで「ユダヤ教」が出現したと言える（「ユダヤ」という名称は、パレスチナがペルシアに支配された前五世紀になって、パレスチナのユダヤたちが居住するあたりが「ユダヤ州」になって初めて登場する。したがって、それ以前の時代について、「ユダヤ人」「ユダヤ教」といった名称を用いるのは、実は時代錯誤である。したがって、ここでは、たとえば「のちに〈ユダヤ教〉と呼ばれるようになる流れ」などと言えば、誠実である。しかし、こうした名前はあまりに煩瑣《はんさ》なので、何が言及されているかについて誤解の恐れがないかぎり「ユダヤ教」という名称を用いる。「ユダヤ人」という名称についても同様である）。

イエスの時代にはユダヤ教はすでに千年以上の歴史があったことになる。古代ユダヤ教は、成立以降、かなりの紆余曲折《うよきょくせつ》を経ることになった。

そして、後一世紀前半にイエスが現れ、彼の活動を引き継いだ流れが、後一世紀末あたりにユダヤ教から分離する。それはユダヤ教が「律法主義」という立場に収斂《しゅうれん》したことと表裏一体になっている。

「神の沈黙」という大問題に、ユダヤ教の主流は「律法主義」の立場を選択し、別の選択をした「イエス以来の流れ」は、もはや「ユダヤ教」と言えなくなったので、別の名称である「キリスト教」という名で呼ばれるようになった。「キリスト教」を、「非律法主義のユダヤ教」「ユダヤ教イエス派」などと呼んでもよいかもしれない。

しかし、イエス以来の流れは、律法主義の不採用以外にも、多くの点で「律法主義のユダヤ教」と異なっている。目立った相違になっているのは、民族宗教の枠を維持するかどうか、である。「律法主義のユダヤ教」は、「ユダヤ教徒がユダヤ人」「ユダヤ人がユダヤ教徒」という民族宗教の枠を維持したが、イエス以来の流れは、結局のところは、非ユダヤ人でも仲間にするという流れが主流になる。したがって、「ユダヤ」という民族名が入っていないところの、「キリスト教」という別称で呼ぶのが誤解されにくい。ただし「キリスト教」の神は、「ユダヤ教」の神である「ヤーヴェ」である。このことは、忘れられてはならない。

後一世紀末あたりに「律法主義」に収斂した「ユダヤ教」は、基本的には今も「律法主義のユダヤ教」に変わりはない。

「律法主義」に収斂するまでの古代ユダヤ教の展開について、神学的に意義の大きな新局面が四度生じたと考えて、以下のような段階に区切って説明を進める（次ページ図参照）。

〈1〉前十二世紀。「カナンへの定住」の時期。ユダヤ人全体がヤーヴェという神に仕えることを選択する。「普通の一神教」が成立する。

〈2〉前八世紀前半。北イスラエル王国が滅亡し、神学的な大きな転換が生じる。「本格的な一神教」が成立する。

〈3〉前二〜前一世紀ころ。長く続く「神の沈黙」の中で、さまざまな傾向が出揃う。特に敬虔《けいけん》主義的態度に対する「律法」の効用が発揮される。

〈4〉後一世紀末。紆余曲折の末、ユダヤ教は「律法主義」に収斂する。

古代ユダヤ教の展開

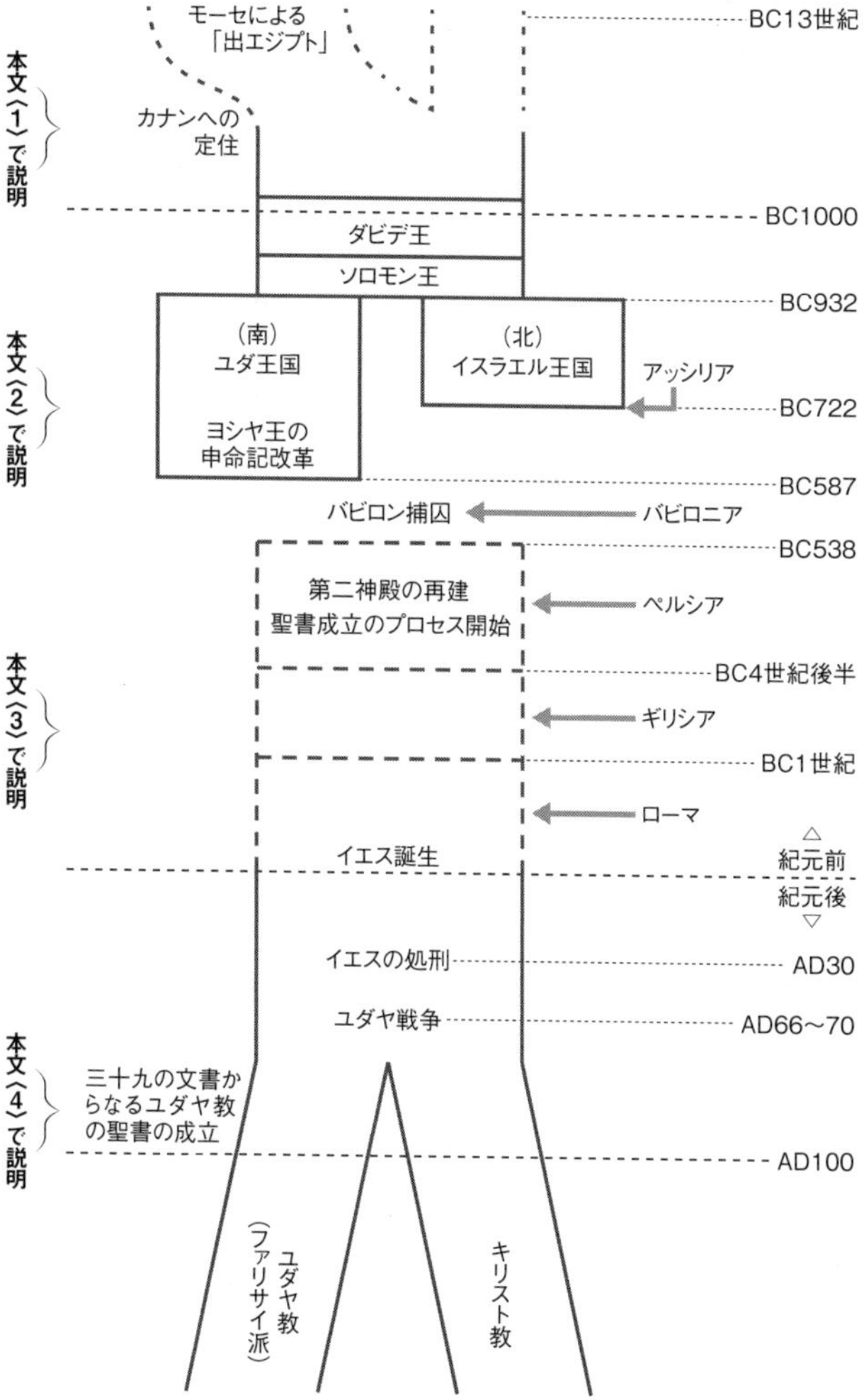

モーセによる「出エジプト」
BC13世紀
本文〈1〉で説明
カナンへの定住
BC1000
ダビデ王
ソロモン王
BC932
(南)ユダ王国
ヨシヤ王の申命記改革
(北)イスラエル王国
アッシリア
BC722
本文〈2〉で説明
BC587
バビロン捕囚
バビロニア
BC538
第二神殿の再建
聖書成立のプロセス開始
ペルシア
BC4世紀後半
本文〈3〉で説明
ギリシア
BC1世紀
ローマ
イエス誕生
紀元前
紀元後
イエスの処刑
AD30
ユダヤ戦争
AD66〜70
本文〈4〉で説明
三十九の文書からなるユダヤ教の聖書の成立
AD100
ユダヤ教(ファリサイ派)
キリスト教

〈1〉カナンへの定住——普通の一神教〔前十二世紀〕

カナンに定住した「十二部族共同体」

前十三世紀、エジプトにいた非エジプト系の者たちの一部が、集団でエジプトから脱出した。シナイ半島から、パレスチナに向かう方向に進んだ。モーセという人物が指導者だったとされている。半世紀ほど（四十年間？）「荒野をさまよった」後に、「ヨルダン川の向こう側」から、「ヨルダン川のこちら側」（ヨルダン川と地中海の間の地域、当時は「カナン」と呼ばれていた）に侵入する。

集団が「ヨルダン川の向こう側」に着いて、これからいよいよヨルダン川を渡るという時に、モーセは亡くなる。したがって、「カナンへの侵入」の指導者は、モーセの後継者であるヨシュアである。カナンにいた先住民のうち、仲間となる者たちと共に「十二部族

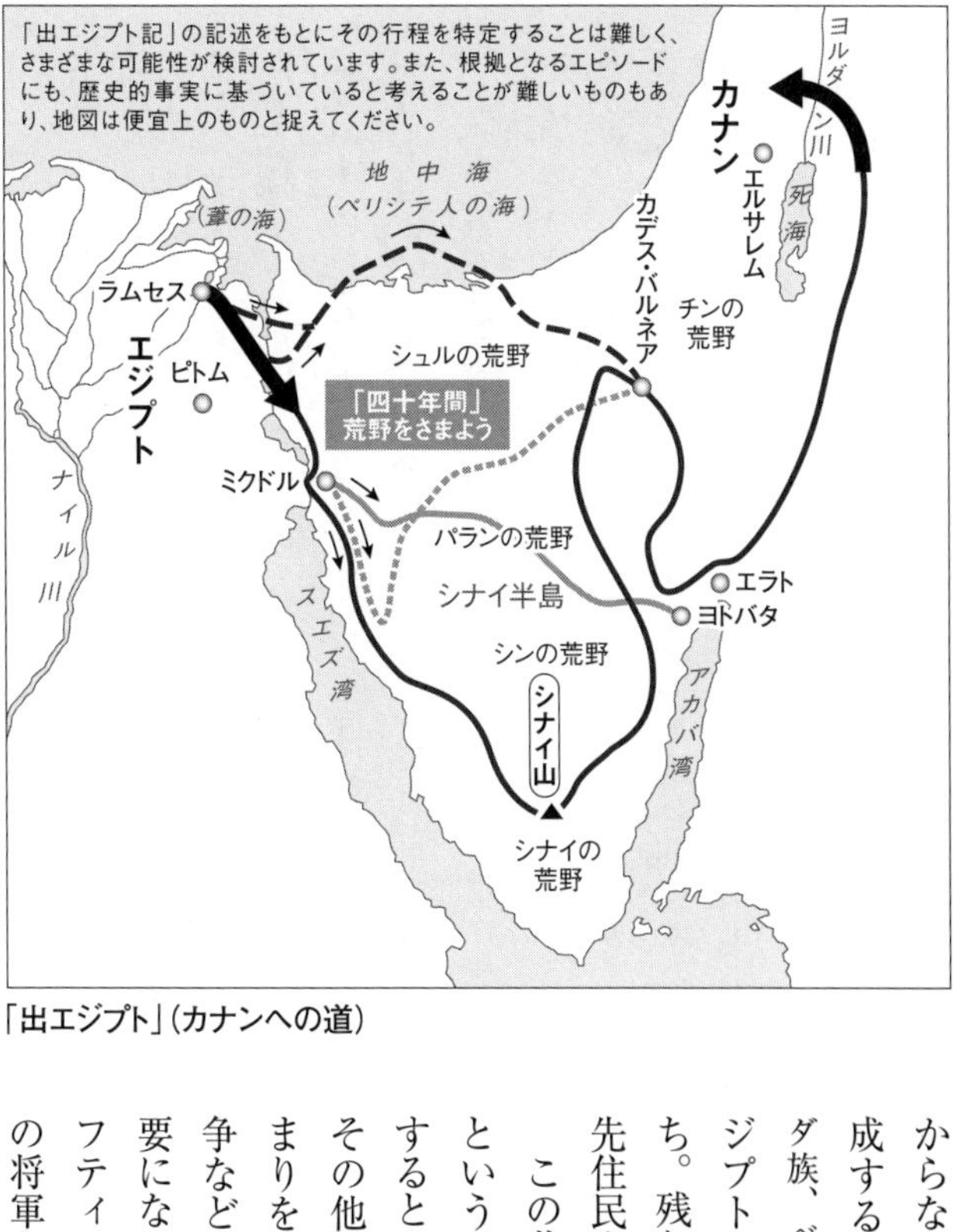

「出エジプト」（カナンへの道）

からなる部族共同体」を形成する。「南の二部族」（ユダ族、ベンヤミン族）が、エジプト脱出以来の侵入者たち。残りの「北の十部族」が、先住民出身の者たち。

この共同体は、「ヤーヴェ」という神を自分たちの神とするという点で一致するが、その他の面は、ゆるいまとまりを作っていた。対外戦争など、全体の指導者が必要になった場合には、「ショフティム」と呼ばれる臨時の将軍ないし指導者が立った。「ショフティム」は「裁く人」「判断する人」である。英語ではJudgesと訳されている。日本語では「士師《しし》」と訳されたりしている。

ユダヤ人たちが、「ヤーヴェ」という神を自分たちの神とするという点で一致する——ここで、まず、「普通の一神教」の問題が生じる。さまざまな神々があるのだが、自分たちはある特定の神だけに仕える、という立場を巡る問題である。

ユダヤ人の祖先にあたる者たちが、当時の大国であるエジプトから、集団で脱出する。エジプトは軍隊を出動させて彼らを追ってきたが、彼らは逃げ延びる。しかし、その後は、「荒野をさまよう」、つまり荒野での移動生活が強いられる。「四十年間荒野をさまよった」と言われている。

その後、「カナンの地」に侵入して、定住生活を始める。この時、カナンに定住していた者たちのうち、侵入者に協力する者たちを仲間にする。つまり、新たに定住生活をはじめることになった者たちには、エジプトからの脱出以来の者たちで、外部からカナンに侵入した者たちと、以前から定住生活をしていた者たちがいる。外部からの侵入によって生じた戦いが収まって改めて定住生活をすることになった者たちは、十二の部族で構成されていた。そのうち「南の二部族」は、エジプトからの脱出以来の者たちであり、「北の十部族」は、以前から定住生活をしていた者たちで、侵入者たちの仲間になった者たちである。「十二部族共同体」というべき、ゆるいまとまりで定住生活が行われることになった。

この時に、彼らは、全員が一致して、「ヤーヴェ」という神に仕えることにする。「十二部族共同体」は、共に協力して生活するという政治的まとまりがあり、それから、カナンでの自分たちの定住を確保し、さらに外部からの攻撃があった場合には自分たちの土地を守るという軍事的なまとまりを作っていたが、これに加えて、全員が「ヤーヴェ」に仕えるという宗教的な面でのまとまりも確保したことになる。

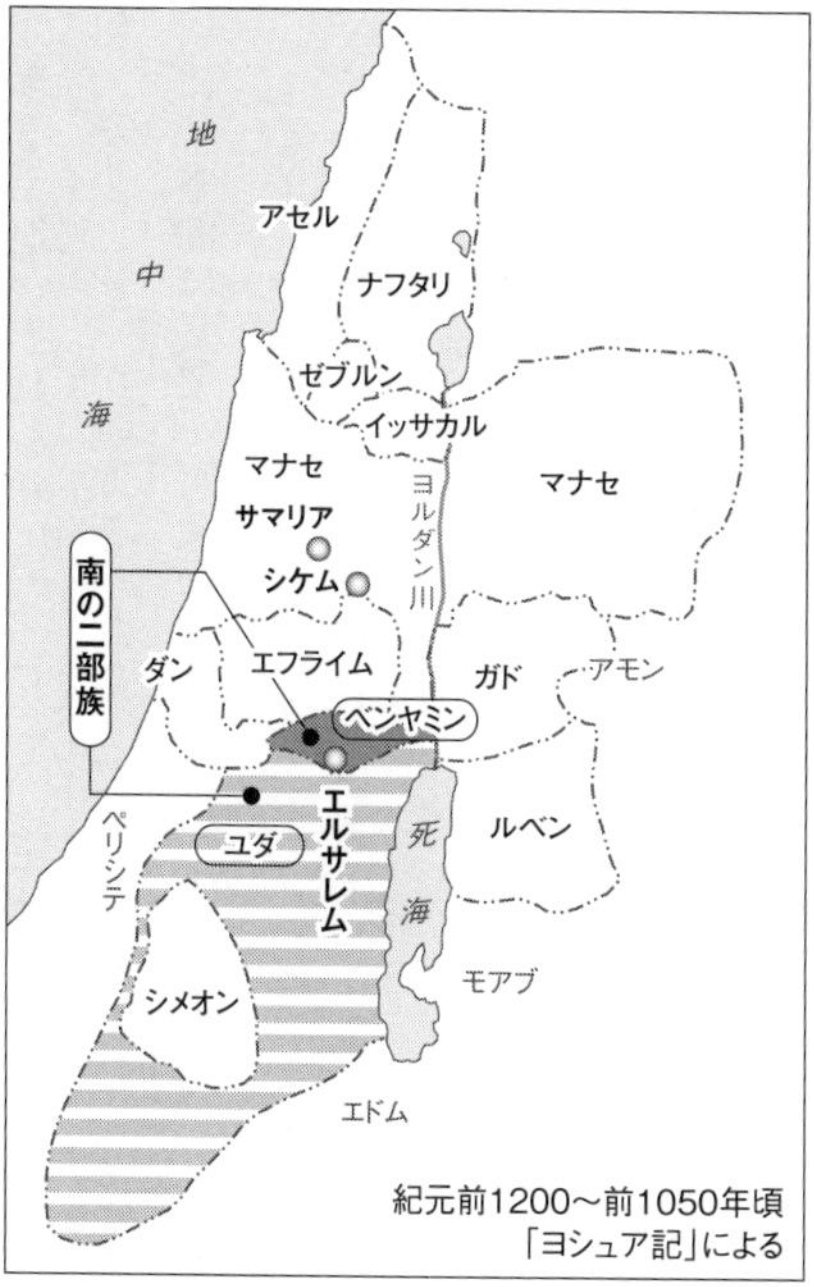

十二部族共同体

自分たちが自立して生活

できる土地がそれなりに安定して、定住生活が続けられることは、ユダヤ人にとっての平和・安全・独立が確保されたことであり、彼らにとって幸せなことである。何よりもまず生活に基本的に必要不可欠な条件が満たされていることを意味する。

しかし、この好ましい事態について、それは神ヤーヴェの恵みの業だと断定し、だから、共同体のメンバーは神ヤーヴェに仕えねばならない、という措置がなされた。これには大きな問題がある。

ヨシュアによる「選択の自由のない選択」

「共同体のメンバー全員が神ヤーヴェに仕える」という事態がどのようにして生じたのかについては、聖書の「ヨシュア記」二四章に、「シケムの集会」とでも呼ぶべき場面の記述がある。「十二部族共同体」に反抗する者たちを退けて、安定した定住生活をいよいよ始めることができるようになったところで、共同体の最高指導者であるヨシュアが、「すべてのメンバーがヤーヴェに仕える」という状態を作るパフォーマンスを行う。

「イスラエルのすべての部族」をシケムという町に集めた、とされている。このような集会が実際に行われたとは考えにくい。征服戦争が一応のところ終わったといっても、国内には敵の残党や無法者たちが少なくなかっただろうし、国外にはカナン侵入を狙う別の集団があれこれ存在していた。味方の部族の全員をひとつの町に集めてしまったら、留守になっている町や領土は、荒らし放題、侵入し放題になってしまう。また、このエピソードには、かなり後の時代でなければ生じてこないさまざまな考え方が記されている。

したがって、「シケムの集会」の様子は、「共同体メンバーの全員がヤーヴェに仕える」という立場が正式なものになったと正当化するために、かなり後になってから作られた場面であり、いわば「神話的」な面が強い場面だと考えられる。しかし、こうした場面が聖書に記されている、ということは、権威あるイメージだとされている、ということである。そして「ヤーヴェに仕えること」がユダヤ人たちの唯一の公式な宗教的立場だという事態が、歴史的に実際に成立するようになることにも対応している。その公式の立場から、ヤーヴェとユダヤ人たちの関係がどのようなものだとされているかが示されている場面として、「シケムの集会」の場面は、事実の報告としてよりも、制度的な立場の表現として価値がある。

この場面は、次のように進行する。

「イスラエルのすべての部族」が、シケムという町に集まっている。最高指導者であるヨシュアが、演説をする。「神がこう言った」と述べて神の言葉を伝達する形式になっていて、預言者の発言のスタイルである。最初の族長であるアブラハムのことから始まって、「出エジプト」「カナン征服」までの経緯を再確認する。これらは神ヤーヴェの働きで実現した。ここまでが預言の言葉である。

そして今度は、最高指導者の立場からヨシュアが語りかける。「だから」、神ヤーヴェに仕えるべきである。他の神に仕えることを選択してもよい。あなたたちの選択は自由である。しかしヨシュアは、神ヤーヴェに仕える。こう言われて人々は、全員が神ヤーヴェに仕えることを選択する。

ヨシュアの議論の組み立てには四つの段階がある、と整理できる。

(1)エジプトから脱出してカナンでの定住が確保された。ユダヤ人にとって「好都合な事実」である。

(2)この「好都合な事実」は、人間の通常の努力だけで獲得できるとは思えない素晴らしいものである。そこで、古代の人の常識の範囲内で、「神が特別な活動をしてくれたので、我々にとってこの〈好都合な事実〉が実現された」と考えた。ここまでは、人間の側の反応として認められるとしよう。しかし「神が特別な活動をしてくれた」のだとして、それがどの神の活動なのかは、人間には見極められないはずである。ユダヤ人たちに知られている神々のうちの、ヤーヴェ以外の神の業なのかもしれない。また、ユダヤ人たちがまったく知らない別の神の業なのかもしれない。

(3)ところが、指導者であるヨシュアが、「預言」という権威によって、ヤーヴェがこの「好都合な事実」を実現した、と断言する。

(4)そしてヨシュアは、これからヤーヴェに仕えるのか、他のどれかの神に仕えるのかを選択しろ、と人々に迫る。「十二部族共同体」に反抗する者たちを退ける戦いに勝利したばかりである。指導者ヨシュアは、勝利の勢いに乗っている。この状況で、ヨシュアは、「あなたたちはヤーヴェに仕えろ」と命令するのでなく、「自分がどの神に仕えるかは自由である。自由に選択しろ。ただ、私はヤーヴェに仕える」と述べたとしても、ヨシュアが推奨する「ヤーヴェ」以外の神を選ぶ者はいないだろう。選択の自由があるような体裁になっているが、政治的圧力が強力で、事実上「選択の自由のない選択」になっている。

ヨシュアは、かなり無理して、強権を発動し、共同体の全員が「ヤーヴェを選ぶ」よう導いている。

「十二部族共同体」という政治的まとまりが成立し、反対勢力を退けて軍事的にも団結が実現している、さらに、政治的・社会的配慮から、全員が同じ神を崇拝するという宗教的一致においても、「十二部族共同体」のまとまりを固めようとした、とまずは考えられるべきである。「〈好都合な事実〉は、どの神か特定できないけれど、人間の力を超えた何らかの神の業である」とヨシュアは述べていない。「どの神なのか特定できないけれど、とにかく神に仕えろ」とは述べていない。ヨシュアは、「ヤーヴェ」という固有名詞にこだわっている。固有名詞が名前になっている神でなくては、どの神に仕えるべきなのかがはっきりせず、共同体メンバーの社会宗教的一致は実現しない。固有名詞（この場合は「ヤーヴェ」だが、実はどんな名前でもよい）を無理にでも受け入れさせることは、宗教社会的ないし宗教政治的なレベルにおいても団結を実現するための不可欠の条件である。

（「ヤーヴェ」という固有名詞に固執するヨシュアのこうした様子は、のちに宗教集団を成立させようとして、神格化したイエスというイメージにキリスト教徒たちがあくまで固執するのと、同じ構造の動きになっている。イエスは神とはあまり言わないけれども、イエスが神同然とされているのは明らかである。イエスは「主」であり、「主」を意味するヘブライ語の「アドナイ」およびギリシア語の「キュリオス」は、すでにみたように、「神」の別名になっていた。また、イエスは「メシア」「キリスト」とされる。「メシア」「キリスト」はダビデ王朝の王のことだが、古代ユダヤ教の歴史にあまり詳しくない一般のキリスト教徒たちは、神の代名詞であるかのように思い込まされている。）

人は間違った神を選ぶかもしれない

しかし神学的には、つまり「神との関係においては」、大きな問題が絡む措置になっている。ここでの神学的問題とは、平たく言えば、「人が神を選べるのか」という問題である。

二つの面がある。人が特定の神を選んだつもりになったとしよう。

一つは、人が間違った神を選んでしまうかもしれない、という問題である。もう一つは、人が神を選んだとして、その神と人との間に実質的な関係が生じるのか、という問題である。

第一。ユダヤ人たちにとっての〈好都合な事実〉は、何らかの神の業だとしよう。それは実は「X」という神（ヤーヴェとは別の神）が働いたのだと仮定しよう（現代人なら、多くの場合、「運がよかった」「偶然がうまく働いて生じた」といったように考えるところである。日本人なら、何があっても「皆様のお蔭です」と言って済ませる)。しかし、ヨシュアは、「これはヤーヴェの業だ」と断定する。「好都合な事実」を実現した神に仕えるべきだとしたら、「神X」に仕えるべきである。ところが、ヨシュアの断定が間違っているために、「神X」にではなく、「神ヤーヴェ」にユダヤ人たちが仕えることになってしまう。とすると、この場合、ユダヤ人たちは、間違った神に仕えることになってしまっている。

それほど複雑なことではないが、もしかしたら想像しにくいかもしれない。ごく普通の人間関係における似たような事態はあり得る。普通の人間関係のことならば、理解しやすい。

ある人(J君とする)にとって「何か素晴らしいこと」が生じた。誰かが、自分のために好意的に配慮してくれたらしい。それは、A氏が、密かに配慮をしたので生じたのだったとしよう。しかし、A氏は、それが自分の配慮の結果だということを隠して、身も隠している。ところでJ君は、ヨシュア親分という権力者に迫られて、この「何か素晴らしいこと」は、B氏が配慮してくれたからだと選択してしまう。これは、事実とは違う、誤りである。しかし、このことについて、B氏は肯定するのでも否定するのでもない。A氏も、隠れたままで、A氏からの肯定の表明も、否定の表明もない（B氏も、じつは、姿を現さず、隠れているのか、存在しないのか、と思われるほどである）。このような状況である。

ヨシュア親分はさらに、「J君がB氏に仕える」ことを事実上強制する。ここにも、論理の問題がある。「素晴らしいこと」を実現してくれた人がいたとして、それに感謝するといったことくらいは順当かもしれない。しかし、その「素晴らしいことを実現してくれた人」に、好意の対象になった人が従属しなければならないのかという問題である。「恩を売って、手下にする」のは、当然かという問題である。

権力者が、誰かを手下にしたい場合、チンピラを雇ってその者に言いがかりをつけ、そこに「正義の味方」という姿で権力者が現れて彼を救って恩に着せて、手下にしてしまう。こうした芝居をうつのは、この論理の実地応用である。いずれにしろ、J君は、ヨシュア親分の意向には逆らえないので、「選択の自由のない選択」の末に「B氏に仕える」ことになってしまう。ヨシュア親分の台詞として、次のようなものが考えられる。「よう、J。お前、B氏のお陰で助かったんやないか。そうやったら、B氏にお仕えするんや。イヤやったら、ええんやで。B氏以外の他の誰にでも仕えたら、ええんや。わし（ヨシュア親分）は、B氏にお仕えするけどな。お前、どうする？」。このように言われたら、J君

新しい「好都合な事実」は誰の業か?

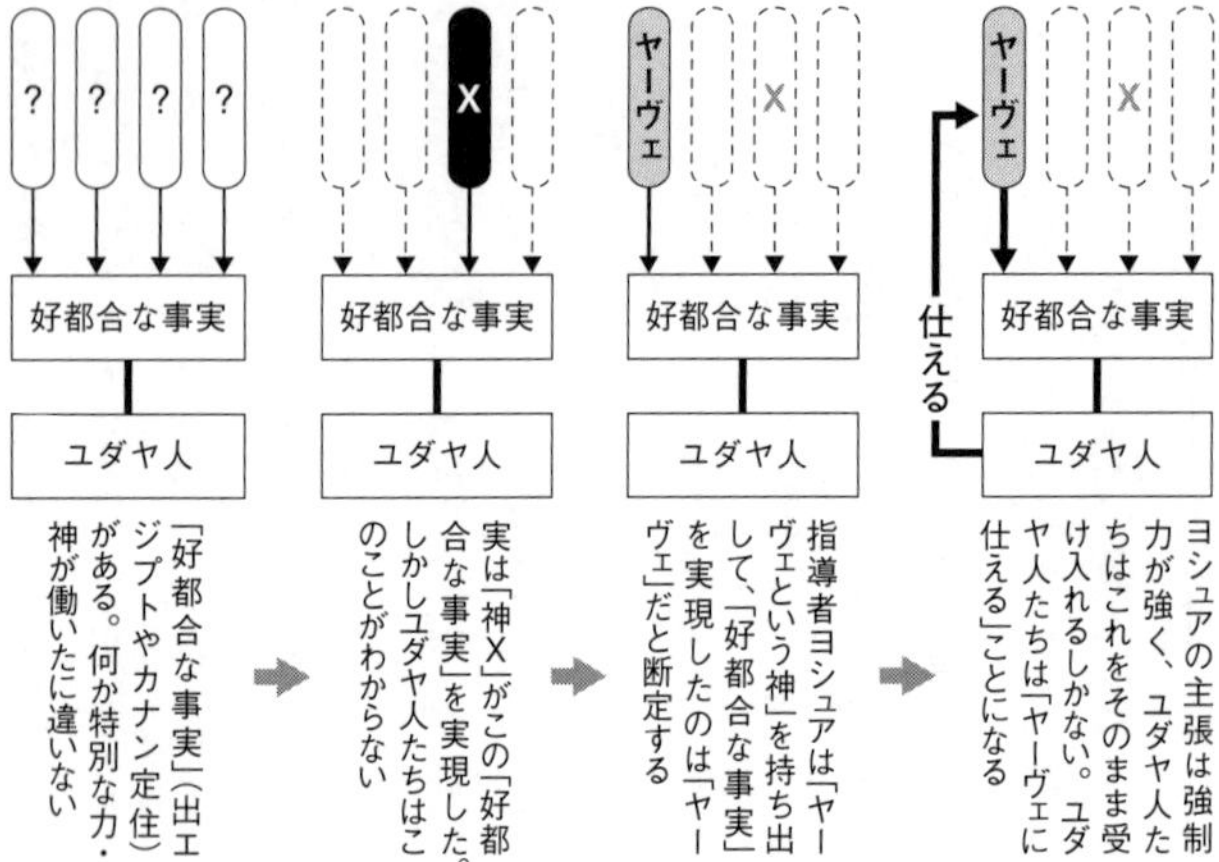

「好都合な事実」（出エジプトやカナン定住）がある。何か特別な力・神が働いたに違いない

は、「B氏に仕える」ことを「選ぶ（選ばされる）」しかないだろう。

「仕える」とは、どのようなことだろうか。これは主人に僕《しもべ》が仕えるようなことである。主人にあたる者が「神ヤーヴェ」（私のたとえでは、「B氏」）にあたる。主人が上位にあって、人は主人の下に位置づけられ、主人に従う。このような関係が「神と人との間」に生じる。「仕える」という事態には、実質的な繋がりがある。そして、その繋がりの関係は上下関係である。いろいろと神があって、それらの神は人よりは上位にあるべきだとしても、ヤーヴェ以外の神々とは実質的な関係がないのなら、その人はそれらの神々の僕ではない。その人は

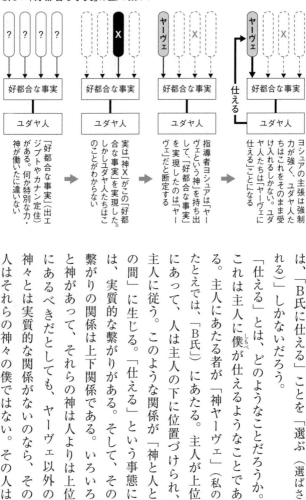

それらの神々と無関係である。

こうして、ユダヤ人全体が、ヤーヴェという一つの神に「仕える」という、「普通の一神教」が生じることになる。「普通の一神教」は、人間の側がいわば勝手に、「自分たちはこの特定の神に仕える」と選択してしまえば成立する。このために、必ずではないが、可能性として、実はもともとは無関係だった神を自分たちの神だとしてしまうということも生じ得る。神の側からの確認や訂正がないかぎり、こうした不確実な状況の影を払拭《ふっしょく》できないことになる。

人が選んでも神が応じるとは限らない

第二。もう一つの問題は、「人が神を選ぶ」ということが、本当の神について、そもそも有効なのか、意義があるのか、という問題である。「人が神を選ぶ」のならば、その神との実質的な関係、神を主人のようにし、自分は僕のようになるという上下関係が成立するのか、という問題である。

「選ぶ」という行為は、「選択の対象」と自分との間に関係を作ろうとする動きである。「選ぶ」という行為をとると、それまで関係がなかった対象と、関係が生じるかもしれない。「選ぶ」という働きかけを行うのでなければ、無関係だった対象は、いつまでたっても無関係である。人は、大中小の規模の、さまざまな「選び」を行っている。

たとえば花屋に行って、今日はバラの花を選ぶ。するとバラの花が自分のものになる。他の花とは、無関係のままである。別の日に花屋で、今度はチューリップを選ぶ。するとチューリップが自分のものになり、花屋でチューリップの隣にあったバラは、今度は無関係のままである。

しかし、対象が異なると、「選び」の状況が異なる場合がある。「選んでも、対象との関係が成立しない」場合がある。

対象が「人」である場合をまず考えよう。当方が、自分の相手としてある人を選んでも、その人が相手にならない場合は珍しくない。こうした場合がきわめて痛切に体験されるのは、若い時に異性のパートナーを選ぼうという希求が強くなって、「選ぶ」という行為に及ぶ場面である（旧約聖書では、神と人との関係を、男女関係の比喩で考えることが、頻繁に行われている）。

ある先輩が、思い出を遠くに眺めるような目つきをしながら、そのような「選び」の試みのほとんどが、拒否に出会う、と述べていた。拒否されるのはまだいい方で、蔑視、憐れみ、無視などさまざまな壁が立ちはだかる。声をかけようとしただけで、突然に走って逃げだしたという場面で深く傷ついたこともあった、と言う。敗北感に突き落とされ、ついには「心が壊れた」（ハートブロークン）といった状態が理解できたりする。こちら側の「選び」が、期待通りに有効に機能しない。選んだからといって、相手が応じるのではない。選んでも、相手が応じない場合がほとんどである。対象が人であっても、このような状況である。対象が神である場合、神が人の側の選びに常に好意的に応える、などと考えるのは、あまりに都合よすぎるのではないだろうか。

「シケムの集会」の場面で、ヨシュアが、「あなた方は、〈ヤーヴェを選ぶか〉、〈他の神を選ぶか〉、選択しろ」と人々に迫ってくる。そこで人々は、「私たちはヤーヴェを選ぶ」と答える。これで、社会的・政治的には、神ヤーヴェとの関係がうまく成立したことにされてしまう。これは、ここでの「神」が、社会的・政治的に「神」とされている権威物でしかなく、本当の神でないことの証左のひとつになっている。しかし本当の神との関係が、そんなことくらいで、めでたく成立するのだろうか。

「私はヤーヴェという神を選ぶ」と表明したら、ヤーヴェが出てきて「数ある神々から私をお選びくださり、まことにありがとうございます。これからあなた様のお役に立てることができると思うだけでも、すでに光栄です。どうぞ末永くお引き立て下さい」とでも言うと思っているかの如くである。言い寄られたら、簡単に言われた通りにする、といった態度を、「すぐになびく」と言うようである。神はそんなに「すぐになびく」「イージー（easy）」なのだろうか。

しかも、「人が選ぶと神が応じる」という立場では、「神を動かすことができるのは人だ」「神は、人の命令通りになる」と考えられていることになる。これでは、神は自動販売機のようなものである。

「オレンジジュースを選ぶ」「百円を支払う」という条件を人が満足させる。すると、自動販売機がオレンジジュースを提供する。「人が選ぶと神が応じる」という場面では、満たすべき条件は「その神を選ぶ」という人の行為ないし態度決定である。すると、その神は、「その人の神になる」という態度変更を行う。人は神を「神様」「主」と呼んだりして、へり下っている様子を装うかもしれない。

しかし、人が命令すれば神は従うとされている。命令に従うのが当然である者は、奴隷である。「人が神を選ぶと、その神はその者の神になる」といった場合、神は、人の奴隷のようである。とするなら、そのような「神」は、本当の神ではない。「人による神の選び」の立場には、根本的に「神でないもの（奴隷のように服従する「神」）を神とする」立場が前提となっている。

「シケムの集会」のエピソードでは、さらに、ユダヤ人たちが神ヤーヴェとの関係について契約を結ぶ、という場面がある。聖書では「契約」は、きわめて重要である。しかし契約は、相手が神の場合、人を拘束するが、神を拘束しないという、大きな問題がある。このことは、次節で検討する。ちなみに、契約は、相手が悪の権化のような存在（たとえば「悪魔」）の場合にも、同様な問題がある。契約は人を拘束するが、悪魔を拘束しない。悪魔は、悪なのだから、契約の決まりを守るはずがない、と考えるべきである。

〈2〉北王国の滅亡——本格的な一神教［前八世紀前半］

ヤーヴェを自分の神とする「普通の一神教」

「出エジプト」（前十三世紀）のあと、ユダヤ人たちは、荒野での半世紀ほどの移動生活を経て、パレスチナ（カナン）に定住する（前十二世紀）。カナンには先住民たちがいたが、団結が弱く、いわば各個撃破《かっこげきは》で征服活動を進めることができた。

先住民たちで恭順な姿勢を示す者たちは、仲間に加える。十二の部族からなる部族共同体のまとまりができて、彼らは定住生活を行う。「出エジプト」以来の放浪を経て侵入者にあたる者たちが、「南の二部族（ユダ、ベンヤミン）」。あとの「北の十部族」は、従来からの定住者たちである。「イスラエル」は、まずはこの十部族全体の呼び名だった、と考えられる。「族長」とされる人物のうちにヤコブがいて、彼の別名が「イスラエル」とする記述がある（創世記三二章）。ヤコブは、北の十部族と関わりが深い祖先で、そのヤコブの別名である「イスラエル」が、北の十部族全体の名称として用いられるようになった、といったことも考えられる。そして「イスラエル」は、十二部族全体を指す名称として用いられるようになる。

聖書の歴史的物語では、メソポタミアにいたアブラハムがユダヤ人たち全体の祖先で、その子がイサク、イサクの子がヤコブ、そしてヤコブはエジプトに行く。ヤコブの十二人の子らが、十二部族のそれぞれの祖先だったとされている。実際は、十二部族共同体のメンバーのさまざまな部族に、アブラハムを祖先とする部族、イサクを祖先とする部族、ヤコブを祖先とする部族がいたと、まずは考えられる。彼らは、別々の部族だったが、全体の団結を強めるために、アブラハムがまずいて、その子がイサク、そしてイサクの子がヤコブという親子関係があったと想定し直したと考えてみるべきである。

十二部族共同体のまとまりが武力によって一応のところ実現した。しかしこのまとまりは、俄《にわ》か作《づく》りでいつ崩れるか分からないようなものだった。まとまりの悪い集団が目の前にある。そのような場合に、過去において皆の出自が同一だった、という物語を有効にするのは、よく見受けられる手段である。

「出エジプト」以来の南の二部族は、カナン征服・カナン定住において指導的役割を演じて、北の十部族よりも優位にあった。政治的には十二部族が平等であるように仕向ける配慮がなされているが、支配者的な南部族と従属的な北部族の間には、いつまでも消えない溝があった。この対立が、ソロモン王没後に顕在化して、南北王国への分裂が生じることになる。

十二部族のメンバー全員がヤーヴェを自分たちの神とするという宗教制度の採用も、共同体の団結をはかる社会的・政治的な方策とまずは考えられるべきである。

一つの神を自分たちの神とするという姿になっていて、「一神教」になっている。しかしこれは、いわば「普通の一神教」である。一つの町や街区で、ここでは「○○神」が崇拝されている、といった場合が「普通の一神教」である。あるいは、地理的なまとまりでなくても、たとえばある職業集団、家族・親族・部族が、特定の神を崇拝するといった場合も、「普通の一神教」である。その他のさまざまな理由から、ある集団がひとつの神だけを崇拝する場合が生じ得る。あるいは個人が、周囲にはさまざまな神々崇拝の可能性があるのに、「自分はこの神を崇拝する」と決めてしまうような場合もある。これらの「普通の一神教」では、結局のところ「人が神を選ぶ」ということが前提になっている。

したがって、こうした「普通の一神教」は、前節で検討したように、「〈人による神の選び〉が、適切な神を選んでいるのか」「〈人による神の選び〉に神が都合よく応えることがあり得るのか」といった疑念が常につきまとう状態になってしまっている。「神を選んでいることにしているだけで、神の応答がなく、実は〈神なし〉のまま」になっている可能性がある。また、人間の側の気まぐれで神が選ばれているので、その神崇拝が社会的に衰えると、その宗教が消えてしまう。また、当該の神崇拝に熱心な者からすると、その神崇拝でそれほど熱心でない者は「ふさわしくない」ということになって、宗教内部で粛清《しゅくせい》が発生したりする。ユダヤ人たちの神の選びの場合も、例外ではない。

しかしカナンへの定住が実現し（前十二世紀）、定住が存続して、生活のそれなりの安全と平和が維持されているうちは、「人による神の選び」に潜む危うさの問題は、吟味されないまま時間が過ぎていく。ユダヤ人たちの「十二部族共同体」は、諸部族の独自性もかなり尊重されていて、外部に強力な敵が現れる場合に、臨時の指導者が生じて対処するという体制が採られていた（「士師の時代」）。

ダビデ、ソロモンのイスラエル統一王国

しかし周囲の敵たちがさらに強力になり、ユダヤ人たち側でも、もっと強固で永続的な団結が必要になってくる。それは当時の常識としては、王政を整えることだった。「イスラエル統一王国」が成立する（前一〇〇〇年の少し前あたり）。「イスラエル統一王国」という名称にある〈統一〉という語は、のちにこの王国が南北に分裂して、北王国が「イスラエル王国」となったので、現代の議論で混同されるのを避けるために便宜《べんぎ》的に〈統一〉の語を添えることになっているだけである。

「イスラエル統一王国」は、ユダヤ人たちにとって歴史上初めての「王国」である。「統一王国」の設立にあたっては、サムエルという人物がいわば「政治的黒幕」で、さま

ざまな設定を行った。最初、サウルという者が、正式の王になる。サウルが、ユダヤ人たちの国の正式の最初の王である。彼はベンヤミン族の出身。しかしサウルは、王国整備の事業の途中で戦死してしまう。

そこで、ダビデが王になる。彼は、ユダ族の出身。二代目の王である。サウルの子イシュ・ボシェテが、短い期間だが王になったことを数えるならば、ダビデは三代目の王である。ダビデの時に王国が名実共に成立する。エルサレムが首都になったのもダビデの時である。

その子ソロモンが次の王になる。ソロモンの時に、領土がかなり拡大した。また、エルサレムに神殿（第一神殿）が建てられたのは、ソロモンの時である。ユダヤ教において、神殿は、エルサレムにある神殿だけである。第一神殿は、前六世紀、バビロニアによって破壊される。その後、第二神殿が建てられる。この第二神殿は、後一世紀の「ユダヤ戦争」の時に、ローマによって破壊される。それ以降、「第三神殿」は建てられていない。

ちなみに、前六世紀にバビロニアによって王国が滅んで「王国復興運動」が生じると、その「新たな王国」の王は「ダビデの子（子孫）」でなければならないという考え方が、強力に存在するようになる。イエスは「ユダヤ人の王なのかどうか」の議論で、イエスが

「ダビデの子なのかどうか」がきわめて重要な論点であるかのように扱われるのは、このためである。

しかしユダヤ人たちの実際の王国の当初において、最初の王サウルはベンヤミン族出身、その後の王ダビデはユダ族出身で、サウルにはダビデとの血縁のつながりはない。「聖書の常識」（この場合、王はダビデの子でなければならない）が、「聖書の記述」（最初の王サウル〔およびその子イシュ・ボシェテ〕には、ダビデとの血縁のつながりはない）に合致していないことが多いが、「王はダビデの子でなければならない」という常識と「サウルがダビデの血縁でない」という聖書の記述が相違していること、こうした不一致の明らかな一例である。聖書を尊重している振りをしているが、実は聖書起源とされている「聖書の常識」にしがみついている。つまり、「聖書にはこう書かれている」という「思い込み」（これを「信仰」と言ったりしている）が、聖書そのものよりも優先していることになる。

ちなみに、「聖書によれば、神が、最初の人間としてアダムとエバを創造した」という「聖書の常識」、これも誤りである。広範に広がっていて、根強い「常識」になっているが、実は誤りであることは創世記の冒頭をいくらか注意して読めば子供でも気づくことである。簡単に確認できることも調べないで平気で公言する、全く無責任な態度を露呈するものになってしまっている。「「深夜の酒は、コップに注《つ》げ、とバイブルに在る。」／私は嘘を言った」という一節が、太宰治の小説にある（『朝』一九四七年初出）。

聖書の権威の乱用についてのこうした揶揄《やゆ》が生じるのも、聖書の権威を振りかざして偉そうにする者が多いことを物語っている。こうした現象についても解説をすべきだが、本書では字数に余裕がない。

ソロモン王の時、ユダヤ人たちの王国はさらに強力になる。領土もかなり拡大したようである。従来からのユダヤ人（十二部族のユダヤ人）以外の、いわば非ユダヤ人が大量に支配下に組み込まれることになったのだが、彼らをどう扱うかは十分に考えられていなかったようである。

ソロモン王の時に、エルサレムで神殿（第一神殿）が建設される。聖書の物語では、ダビデがすでに神殿建設を思いついていたが、「人が作った家に神が住むはずがない」という議論で、ダビデは神殿建設を思いとどまったとされている。この議論は王がソロモンに代わっても、以前と同様に有効だと思われるが、ソロモンは神殿を建設してしまう。ソロモンはまた「神殿よりも豪華な宮殿」を建設する。「王の家」を「神の家」より豪華にしたことになる。

ソロモン王にはまた、「七百人の王妃、三百人の側室がいた」とされている（列王記上一一章三節）。昨今では、「一夫一妻制」を称揚する風潮が強いようで、それが人間にとって当然であり、聖書でもそうした立場が支持されているとしかねない雰囲気である。ソロモン王の様子は、参考になるかと思われる。

ソロモン王の治世は、「ソロモンの栄華」といった定型表現が生じたほどだった。しかしこの「栄華」は、ソロモン王の没後には続かなかった。王国が南北に分裂する（前九三二年）。領土の拡張した部分も、離反してしまう。

北王国による多神教的傾向

「南王国」が「ユダ王国」。「南の二部族」の王国である。首都はエルサレム。基本的にダビデ王朝が続いた。

「北王国」が「イスラエル王国」。「北の十部族」の王国。首都は、当初はいくらか転々としたが、サマリアに落ち着いた。「イスラエル統一王国」の時の「南の二部族」「ダビデ王朝」の支配を嫌って、そこから分離独立してできた王国である。実力がある者が王位についたので、王朝が何度も交代した。

王は、まずは軍事上の最高指導者、つまり、軍隊の総司令官、最高位の将軍である。それが、平時における政治的な最高指導者の役割を果たすようになる。また、神との関連では、神の意図が伝えられ、それを民に伝えるという役を担当する者のうちの卓越した存在である。「神の意図の仲介者」であるということは、ユダヤ教の用語では「預言者」だということになる。「預言者」という用語を使うならば、「王」は、「預言者中の預言者」「卓越した預言者」である。「王」が「預言者」であることは、いわば当然のことなので、「王」のことをわざわざ「預言者」とはあまり呼ばない。

このことが特に痛切に感じられるのは、「王の命令」が「決まり」「掟」「法律」のようで世俗的強制力があるのだが、それに加えて「神の言葉」であって、だから従わねばならない、とされている点である（念のために、「王」のこうした位置づけは、王の役割についてかなり純粋な姿のものだと言える。したがって、歴史上のすべての王に、同じようにあてはまるのではない。たとえば、古代ギリシアにおいて、重要な決定をするとなると、「デルフォイの神殿に神託を問う」ということが多かったようだが、こうした様子を見ると、古代ギリシアの王の「預言者的役割」はかなり希薄だったと言える）。

北王国では、政治的・社会的な実力者が現れると、現存の王朝を倒して新しい王朝を成立させる、ということがかなり頻繁に生じた。これは、世俗的な都合で王が簡単に入れ替わることを意味している。このために、北王国では、王の神学的正当性が希薄になる。そうすると、「神の意図」を知る上での不便が生じる。この状況の中で、王やそれに類した特別な者でなくても、神が人を選んで「預言者」として用いる、ということが認められるようになる。彼らの「預言」は、神の権威を帯びた権威ある言葉である。北王国の預言者としては、エリヤ、エリシャ、アモス、ホセアが著名である。こうして、一般の民からでも「預言者」が出現し得るという伝統が生じる。イエスが、目立った活動をするようになった際に、イエスが一般庶民のひとりでしかないということで相手にもされない、ということにならず、「イエスが預言者なのかどうか」をユダヤ教当局側の者が確かめに来る、ということになるのは、「預言者」についての北王国以来の以上のような伝統があったからである。

北王国の、もうひとつの大きな特徴は、「多神教的傾向」がかなり目立って生じたことである。北王国と南王国の分裂は、政治的・社会的な面での分裂で、宗教的には、ヤーヴェを崇拝するという点が基本的に維持されていた。しかし、ヤーヴェ以外の神を崇拝するということも公然と行われるようになる。

「人が神を選ぶ」ということが有効だと認められているのを物語る展開になっている。「ヤーヴェだけを神とする」という立場が正統だが、国が豊かになってそれを強制する政治的・社会的強制力が相対化すると、ヤーヴェ以外の神を、選ぶ者たちが輩出する。「ヤーヴェを退けて、他の神を崇拝する」という者もいただろうが、「ヤーヴェが神であることを否定しないが、他の神も崇拝する」という場合も多かったと思われる。

異教の神として、バアル（まずは雷の男神、ひいては雨をもたらす神）、アスタルテ（豊饒多産の女神）が、よく言及される。特にアスタルテは、並行関係・影響関係にある女神が広範に認められるようである。古代ギリシアのアルテミス（ダイアナ）、アフロディーテ（ヴィーナス）、インドの阿修羅などが考えられる。生命力に溢れ、奔放で、魅力的で、正義（と彼女が考える原則）のために戦うかと思えば、愛の仕草を披露する。

十九世紀のフランスの詩人アルチュール・ランボー（一八五四〜九一）は、『太陽と肉体（Soleil et chair）』の中でアスタルテのことを歌っている。短縮した私の意訳ないし自由訳を示す。

神々はもういない。人間が王で、人間が神だ。

（……）不死のアスタルテは、昔、巨大な明るみの中に出現したこの不死のアスタルテ、征服者の黒い大きな眼を持つこの女神を、人間が捨てなかったら、
浪の泡が来て雪の飾りを添える桃色の腹部を見せつけて、
森でナイチンゲールを歌わせ、

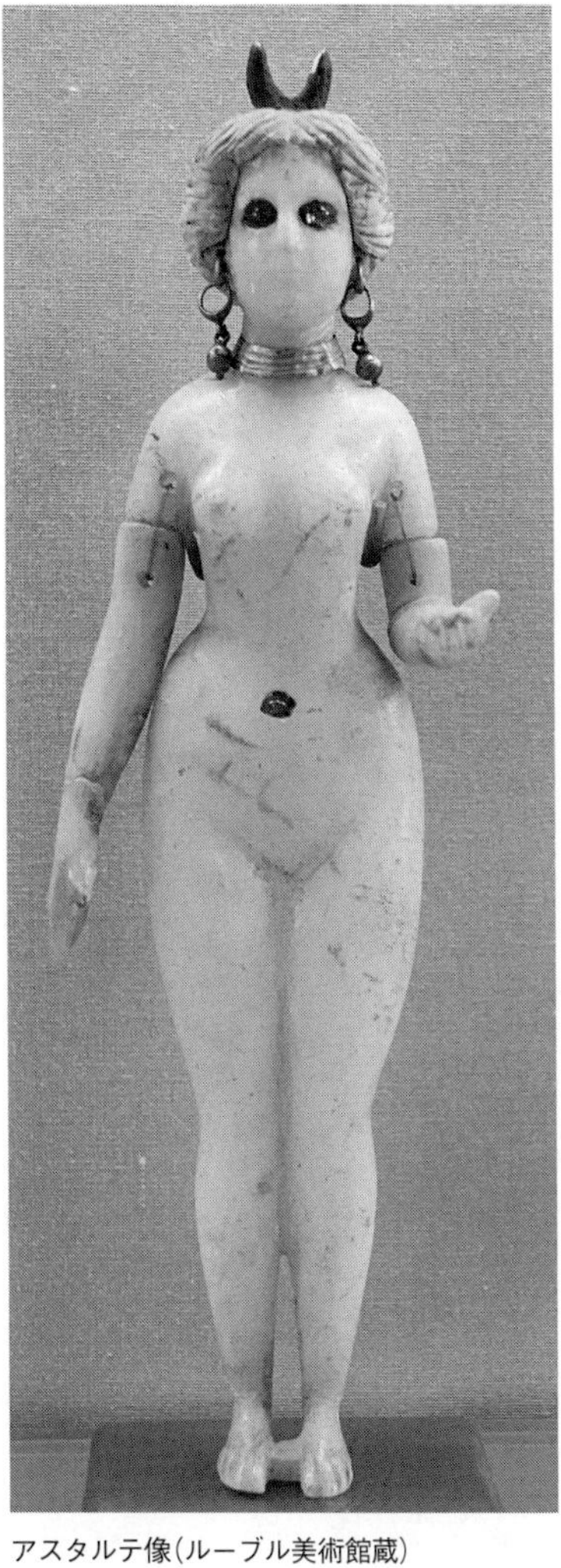
アスタルテ像（ルーブル美術館蔵）

心に愛を起こさせただろう。

ランボーはアスタルテは見捨てられてしまったと嘆いているが、アスタルテはそう簡単には見捨てられていないのかもしれない。見方によれば、現代のアニメのキャラクターの多くが、「アスタルテ系」だと言えそうである。

巨大なイベント会場で、若い女性のアイドルがパフォーマンスを演じるのを、観客席いっぱいの若者が喝采《かっさい》する様子は、私が見ると、アスタルテ崇拝はますます健在だと思えてしまう。

神が民を捨てた——北王国の滅亡

オムリ王朝の時には、「多神教的傾向」は宮廷においてもはっきり認められるようになった。「オムリ王朝」は、前九世紀半ばに四十年ほど続いた王朝である（およそ前八八四～前八四二）。最初の王は、オムリ。北王国の王としては六代目である。彼が、北王国の首都をサマリアに定着させた。南王国とも友好的になろうとしたが、他方で、古くからの異教の都市ティルスとの友好関係も奨励した。オムリ王朝は、初代オムリも含めて、四代続いた。

オムリの次の王が、アハブ（在位前八七五～前八五三頃）。オムリの子である。彼は、特にティルスの王女イゼベルを妃として迎えた。その結果、特にバアル崇拝が宮廷に持ち込まれる。「ヤーヴェ主義」（「ヤーヴェのみが神だ」とする立場）の預言者エリヤが活動するのは、このアハブ王の時代である。北王国では、バアル崇拝が盛んになり、エリヤは、荒野に身を隠さねばならなくなったりする。

預言者エリシャの時には、「ヤーヴェ主義」の王朝がオムリ王朝を倒して政権を握った。「ヤーヴェ主義」に従わない者たちについてかなり厳しい迫害が行われた。しかし、「多神教的傾向」は消滅しない。

預言者ホセアの時には、「神の愛」が持ち出される。ホセアは「愛の預言者」と言われる。ホセアは、自分の個人生活の問題から発想する。自分の妻が、他の男たちと遊んでしまっている。当時の常識としては、妻を離縁して当然の状況である。しかしホセアは、妻を捨てない。「愛しているから」とされている。これと同様に、「多神教的傾向」が続いているのは、ヤーヴェだけに忠実であるべきなのに、他の神々とも繋がっていることである。ヤーヴェはこうした民を見放して当然である。しかし、ヤーヴェは民を捨てない。

「ヤーヴェは民を愛しているから」とされている。夫が妻を愛しているということが表明されて、他の男たちと遊んでいる妻が、それで反省して夫だけに立ち戻るという場合もあるだろう。夫が妻を愛していて、妻を捨てない、ということになったら、これで安心だということで、他の男たちとの愉《たの》しみにますます没入するという場合も十分に考えられる。「愛はすべてを解決しない」のである。そして、愛を話題にするようでは、愛の終わりが近いことの著《いちじる》しい兆候である、という鉄則があてはまるように思われる。

いろいろな対策が講じられるのだが、「多神教的傾向」は消滅しない。

そうするうちに、メソポタミアの上流の地方で、アッシリアが強大になり、支配を拡大しはじめる。シリア・パレスチナの地方にも、アッシリアの勢力が延びてくる。ユダヤ人たちの北王国は、さらに北方にある中小の国と同盟して、アッシリアに対抗するが、滅ぼされてしまう（前七二二年）。「神はユダヤ人たちを捨てない」という趣旨で預言者が活動を展開して間もなく、北王国については、神が民を捨てた、という形になった。「愛の約束は頼りにならない」、このことの顕著な実例になってしまっている。

この時、南王国は、アッシリアに恭順の姿勢を示し、アッシリアの属国のような地位ではあるが、とにかくも独立だけは確保することができた。南王国が存続したことは、この後のユダヤ教の存続にとってきわめて重要である。

この「北王国の滅亡」がきっかけとなって、ユダヤ教において根本的な神学上の展開が生じて、ユダヤ教が「普通の一神教」から「本格的な一神教」になる。「本格的な一神教」は、「ヤーヴェ」だけしか神として認められないような立場であり、しかし、「ヤーヴェ」との繋がりも、実は実質的には断絶してしまっている立場である。

ヤーヴェ主義者で純化した南王国

古代の戦争も、国と国、軍隊と軍隊、民と民の戦いである。しかし、それに加えて、神と神との戦いである。敵対する双方に、それぞれの神（ないし神々）がついている。神は、自分の民を勝利に導き、自分の民を守らねばならない。勝利した側は、まずは、敵側の宗教を破壊すると言えるほどである。神殿や祭壇を破壊し、聖職者たちを解散し処分する。そして、自分たちの神は自分たちを勝利に導いたということで、たとえば、分捕り品の最良の部分を神殿に献《ささ》げて神に感謝し、神をさらに賛美する、といったことになる。

負けた側にとっては、敗戦は、自分たちの神は我々を守らなかった、という事態である。自分たちの神は頼りにならない、ということが露見した事態である。

自分たちの神が頼りにならない、となると、それまでの神を見捨てる者が少なくなかったと考えられる。そうした者たちは、基本的には、敵だった勢力の神を崇拝するという立場を選択する。「敵の神に寝返る」のは、潔くないといった感じがするかもしれないが、戦争の極限状況を経た後では、これは賢い選択といえる面が大きい。敵の神は、自分の民を守った神であり、頼もしい神である。真面目に戦争に取り組んでいたのなら、敵の様子が、もっともよく分かっている。そもそも、敵だった勢力が支配する中で、それでも敵に反抗するような態度をとるのは危険であり、避けるべきである。またアッシリアは、すでに強大な勢力になっていて、支配下にいろいろな出自の者が参入することを容認せざるを得なくなっている。異民族（非アッシリア人）でも、おとなしくしていれば、生き延びていける。

近年でも、比較的大きな戦争で、負けた側の態度に似たような様子が観察できた。戦争中、その国は、敵国を徹底的に侮蔑《ぶべつ》するような態度を取っていた。しかし、敗戦となると、態度が急転して、敵国を称揚し、さまざまな面で敵国の様子を真似るようになった。「世俗化」が進展している時代だし、その国は宗教には関心がもともときわめて表面的だったので、宗教的な模倣は生じなかったが、その他の面では従属的と言えるかと思われるような雰囲気になった。戦争をして負けたならば、自分たちのやり方がダメだったのである。より良いやり方を新たに採用すべきである。そして、もっとも身近にあって「より良い」のが確実であるやり方は、戦争の相手方だった勝者の勢力のやり方である。しかも、先に述べたように、真面目に戦争に取り組んでいたのなら、敵の様子が、もっともよく分かっている。何かをなそうとして、百の議論を展開するよりも、「○○国（かつての敵国）では、こうしている」と言えば、皆が素直に服従するという雰囲気になった。

北王国滅亡後の状況に戻る。元北王国のメンバーで、アッシリアの支配下に組み入れられた者たちには、宗教的にアッシリアの立場に与《くみ》するとまで明確な立場でない者も多かっただろう。いずれにしても、彼らは、ヤーヴェに仕えることを放棄した者たちで、広大なアッシリアの支配下で、「アッシリアの住民」というだけの存在になった。

南王国は、この時にかろうじて独立を維持した。ダビデ王朝が継続し、エルサレムには神殿もある。ヤーヴェ崇拝が南王国の公式の宗教だった。

北王国の滅亡を見て、「ヤーヴェは頼りにならない」と考えて、南王国を見限る者も多かったと思われる。したがって、南王国に残っているのは、北王国が滅亡し、ヤーヴェが動かなかったと考えられ、「ヤーヴェは頼りにならない」とされても仕方ないにもかかわらず、ヤーヴェ崇拝を捨てない者たち、かなり強硬な「ヤーヴェ主義者」ばかりだということになる。また、元北王国のメンバーで、ヤーヴェ崇拝を捨てない者も、南王国に移ることを選んだと思われる。北王国滅亡後に、南王国では、ヤーヴェ主義者ばかりがメンバーであるという純化が生じた。

「本格的な一神教」の誕生

南王国のメンバーが、いくら強硬な「ヤーヴェ主義者」であっても、北王国の滅亡は否定し難い事実である。「ヤーヴェは民を見離した」「ヤーヴェは動かなかった」「ヤーヴェは沈黙した」ことになる。となると、「ヤーヴェはダメな神だ」「ヤーヴェは頼りにならない」という位置づけになってしまう。「ヤーヴェ主義者」にとって、「ヤーヴェはダメな神」といったことは、絶対に認められない。

ここで新しい神学的展開が生じた。「ヤーヴェはダメな神」という結論を回避する工夫がなされた。「本格的な一神教」の枠組みが誕生する。キーワードは「契約」「罪」である。

「契約」と「罪」を理解するために、単純なリンゴの売買契約で考えてみよう。買い手

民に落ち度（罪）があるから神が動かなかった

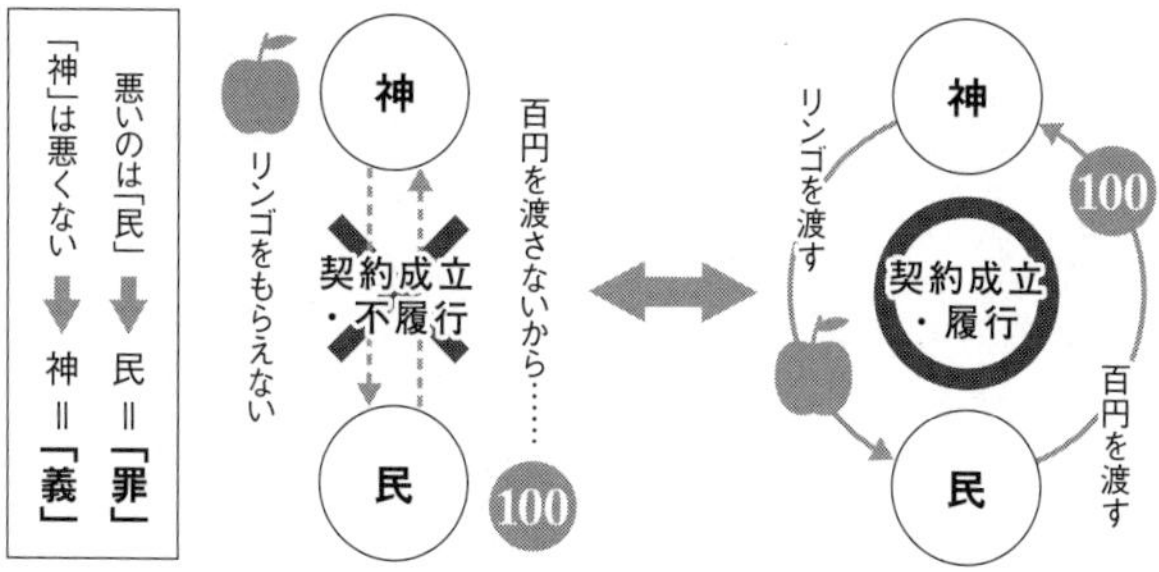

（民）が百円を出して、果物屋（神）からリンゴを買う、売り手（果物屋、神）が百円をもらって、買い手（民）にリンゴを渡す。これは単純な双務契約である。買い手と売り手に、義務と権利がある。「百円を渡す」が買い手の義務、「リンゴをもらう」が買い手の権利。他方、「百円をもらう」が売り手の権利、「リンゴを渡す」が売り手の義務。

「リンゴを渡す」行為が「神が国を守る」に相当する。とすれば、今回は、神がリンゴをくれなかったことになる。

なぜ、神はリンゴをくれなかったのか。

百円出したのにリンゴをくれないのなら、果物屋（神）が悪い。

しかし、買い手（民）がお金を払わなかったり、代金の一部しか払わなかったなど、買い手（民）に落ち度があったならば話は別である。果物屋（神）がリンゴを渡さない、という事態は同じである。しかし、買い手（民）に落ち度があったなら、たとえば、百円が払われていないのであれば、果物屋（神）がリンゴを渡さないのは当然である。

「契約」のこうした枠組みを応用して、北イスラエル王国が滅んだ時、ヤーヴェ主義者たちは次のように考えた。

ヤーヴェは、国を守らなかった。ヤーヴェは沈黙していた。しかし、神がダメなのではない。人間の方に落ち度（罪）があった。買い手が百円を払わなかった。「我々が神の前で罪がある（「悪い」「ダメ」の状態にある）から、神が動かなかった」。百円を払わなかったので、リンゴをくれなかった。

こう考えることで、「神ヤーヴェはダメだ」と考えなくてはならないことを回避し、「神ヤーヴェはダメだ」としなくてよい、としたのである。

人間がわざわざ自分の位置づけを「罪がある」として、否定的に考えたことになる。これはヤーヴェを「ダメ神」と考えないために人間の側が率先して作り出した立場である。「人間は罪の状態にある」という位置づけは、「神ヤーヴェが動かない」という事態と不可分に繋がっている。この結びつきの操作においては、その前提から、神ヤーヴェは不在である。そもそも「神が現れない」「神がいない」という事態についての工夫だから、当然である。

前節では、「出エジプト」「カナンへの定住」について、「これらの恵みは、ヤーヴェが生じさせたものだから、我々はヤーヴェに仕える、ヤーヴェを賛美する」という対応だった。この場合には、ヤーヴェは架空であったり、実は不在で、恵みの業とは無関係であるかもしれない。しかし、ヤーヴェが実在するのかもしれないし、恵みの業がヤーヴェの働きによるという可能性も否定できない。繰り返しになるが、この「ヤーヴェ」は、人間の側が勝手に想定したものかもしれない、神は不在かもしれない、しかし、神は不在でないかもしれない、という状態だった。

北王国滅亡後の、「人間は罪の状態にある」という位置づけは、不在の神ヤーヴェとの関連で考えられた立場である。したがって、この場合、人間と神の繋がりは、消極的で抽象的な繋がりでしかない、ということになる。

そして、「人間は罪の状態にある」という位置づけは、不在の神ヤーヴェとの関係を、消極的で抽象的なものでしかなくても確保するための工夫になっている。したがって、そもそも、神ヤーヴェとの繋がりを維持することを考えないのであれば、つまり、ヤーヴェを見捨てるのであれば、自分たちの罪だと考える意味もない。そして、この「罪」と「契約」の理屈は、神ヤーヴェとの関係を想定する前提においてだけで生じているため、他の神々の入り込む余地がない。

ここに、たいへん特殊な構造になっていて、「ヤーヴェ」だけしか神として認められない仕掛けになっている「本格的な一神教」が生じたのである。

神は契約の当事者にはなれない

人は「罪の状態」「不十分な状態」にあるので、ヤーヴェであれ、他の神であれ、新たに神に働きかけるには不十分な状態にある。したがって、人間の側からは、神関連で、積極的なことはもはや何もできない。ただヤーヴェとだけは、「ヤーヴェが動かない」ということが「人間が罪の状態にある」ということに対応していて、これがかろうじてヤーヴェとの繋がりになっている。だからこの状態は、どうしようもなく「一神教」であって、しかも当該の神であるヤーヴェとの実質的な関係がないところの「一神教」になっている。

「罪」の立場が、神との関連で一つの民族全体に採用されたのは、人類史上この例だけである。しかし、似たような状況は、個人のレベルならば珍しくない。

ここでも愛の関係のたとえで考えてみる。

たとえば、ある女性がいて、突然相手の男性がいなくなり、なぜ自分を捨てたのかを考える（聖書を見ると、神は男だとされる場合が多いので、いなくなった者が男性で、捨てられた者を女性として考える）。こうした場合に、女性には、いろいろな対応があり得るだろう。その中で、「あの人が私を捨てたのは、私が悪いからだ。私の尽くし方が足りないからだ」と考えるような場合に似ている。この場合、女性が「私が悪い」とするのは、行方知れずになった男性との関連で自分を位置づけるから生じる判断である。その男性との関係を完全に断つならば、「私が悪い」と過去時制で、そして現在時制で考えるということもなくなる。

しかし「神との関連で自分たちは罪の状態にある」という考え方には、根本的で致命的な不遜《ふそん》が潜んでいる。

「罪の状態にある」とは否定的な状態であり、神の前で民はへり下り、神を偉大だとしている。しかしこの考え方は、「民が罪だから、神は動かない。民が義であれば、神は動く。

神は再び我々に恵みを与えてくれる」ということが前提となっている。つまり、人間のあり方次第で、神の動きをコントロール（操縦）できるという考え方である。神がどうするかは神が決めるのではなく、人間がどうあるかによって神がどうであるかが決まる、という考え方である。民が神に従属しているかのようだが、実は神が民に従属している。神は、民の様子に応じて、自分の態度を変化させねばならないのだろうか。そのような「神」は、もはや神とは言えないのではないか。

このような事態が生じてしまうのは、神と人との関係に「契約」の枠組みを当てはめて理解しようとしたからである。神と人との関係には、「契約」の仕組みはあてはまらない。神は、人との契約の相手方にはなれない。

すでに見たように契約は、契約の当事者双方の権利と義務の規定である。だから、人が義務を守らない（百円を払わない）なら、神に義務が生じない（人を守らなくてよい）、人が義務を守る（百円を払う）なら、神に義務が生じる（人を守るべき）、となる。

今回は、人が罪の状態にある、つまり義務を守らない（百円を払わない）状態になった。だから、北王国滅亡の際に、人を守るということは神の義務になっていなかった。だから、神には悪いところがない、神はダメ神ではない、と考えられる、という筋道だった。

しかし、百円を払うということにあたる条件を人が満たしていたら、どうなるだろう。その場合、神には人を守るという義務が生じる。この義務を守らないと、神はダメ神ということになる。ところが、こうした契約の論理は、契約の相手方が神である場合には、当てはまらない。

まずは、人Aと人Bの間の通常の契約について、考えてみる。Aには義務（百円を払う）がある。Aが、この義務をきちんと実行したとする。そのためにBには、義務（リンゴを渡す）が生じる。なのにBは、その義務を実行しない（リンゴを渡さない）。契約違反である。こうした場合どうするべきだろう。

Bに対して強制力のある高い権力者や機関に訴えることになる。今なら裁判所だろうか。場合によっては、地域の親分とか、ひいては王に訴える。Bには義務があるのに、その義務を実行しない。つまり、Bは「罪の状態にある」と立証して、Bに義務を実行させるとか、しかるべき罰を加えるといった措置を行ってもらうことにする。こうしたことがあるので、Bも、気軽には「契約違反」を行わない。契約には強制力がある、ということになる。

しかし、神が契約の当事者である場合、たとえ神が、契約締結のような行為をしても、その契約には神は拘束されない。神については、契約の強制力が働かないからである。

神が契約の取り決めを守らず、義務があるのにそれを実行しなくても、神に命令したり、神に罰を加えたりする、さらに上級の権限は存在しない。神が神である以上、神が最高の権力者だからである。神の態度や行動は、罰せられたり、是正されたりすることはあり得ない。神は、神とは別の客観的な善悪の基準に服従しているのではない（たとえば、古代のギリシア神話の世界や、インドの神々の場合などでは、事情はかなり異なる。ここでは一神教的な枠内に限って議論を進めることにする）。

神ヤーヴェが、自分は何をしても、何をしなくても、咎《とが》められることはないと安心しきっていると、役人（役神？）みたいなのが来て、「訴訟はすでに始まっている」などと告げたりする場面を想像したりもできなくないが、これはカフカ文学の読み過ぎである。神は「審判」の対象にはならない、のである。しかし、「神が審判の対象になる」ということを想定することができてしまうのも事実である。神を神として考えるところに、すでに大きな欠陥があるのか、といった深刻な問題が感じられて興味深い。こうした件については、別の機会にじっくりと検討したい。

聖書には、人と神との契約が有効であるのは当然であるかのような記述が、あちこちに見られる。そもそも聖書について、「旧《ふる》い契約」「新しい契約」といった名称が通称として用いられて、ほとんど正式名称であるかのように扱われている。

神と人との契約関係に意義があるかのような見方は、神が契約の当事者になれないことに気づいていない、神学的には未熟なレベルにあることを反映した態度である。誤解しやすい点なので、慎重な注意が必要である。

未練で残るヤーヴェとの関係

先ほどの、相手の男性が行方知れずになった女性の例で考えてみる。この二人が、あるところで、ばったりと出会った。二人は言葉を交わす。

「私が悪いから、私の尽くし方が足りないから、あなたは私を捨てた」と彼女は言う。

すると男性が言う。「君の態度がどうであるかで、私が態度を決めねばならないのか。君は、しおらしい、殊勝で、控えめな態度を装っているが、実は、根本のところで、自分の態度で私を操れると考えている。君は、尊大で、不遜だ」。

二人は、また別れる。雨の街路には、たくさんの人影があるが、どれも後ろ姿でしかない。

お分かりいただけただろうか。善悪の基準で考えることしかできないのでは、この場面は理解できない。愛の場面に善悪の基準を持ち込むと、ぶち壊しである。二人はあんなに愛しあった、でも、良いとか悪いとかはないのに、別れが来てしまった、というのが適切な観察である。

当事者の態度が「悪い」はずなのに愛が続く。また、当事者の態度が「良い」のに、愛が消える。これが愛の実態である。ましてや、神との関係に、人間の頭で理解できる善悪の判断基準をもちこむのは、まかりならない、そぐわない。

念のために、一点だけ、指摘しておく。女性が「私が悪いから、私の尽くし方が足りないから、あなたは私を捨てた」と述べている。彼女は、男性との関係をまだ想定した上で、その状況についての評価を述べている。彼女にはまだ未練がある。北王国滅亡後のヤーヴェ主義のユダヤ人たちと同様な立場になっている。ヤーヴェとの関係が消えてしまったことが、敗戦と王国滅亡によって確認されているのだが、彼らはまだ、ヤーヴェとの関係について考察している。神は不在なのだが、その神との関係が「消極的で抽象的」なものとして存続していると述べたのは、このことである。口語的な言い方をするなら「未練で残っている関係」である。「裏町酒場にギターの弦が、未練を鳴らすと、あの夜が恋し」といった具合である。
しかし、北王国滅亡後のユダヤ人たちは、善悪の判断基準を持ち込み、自分たちは罪深いとすることが、このうえなく尊大なことであるとは気がついていない。しかし、次第に気がついてきて、でき得るかぎりの対処がなされることになる。

「人が罪だと動かない」の真意

個人の恋愛の場面などでは珍しくないのだが、「罪」の立場なるものが、神との関連で、民族単位で本格的に正式な立場として成立したのは、人類史の中で、この時のユダヤ民族においてだけである。

「神の前で罪の状態にある」。これはユダヤ人にとって、新しい発見だった。「私たちは罪深い」というのは謙虚に聞こえるが、実は、神であるはずの神を全面的に否定する立場になってしまっている。これが定着してしまったのは、神をダメだと考えずに済むにはどうすればよいのか、神ヤーヴェを放棄しないで済むにはどうしたらよいのか、という実践的な課題があり、それが比較的単純な論理で表面的に解決できたような形になったからである。

そして、ユダヤ教においては、新しく生じた「罪」の問題が、当面の重大な課題になる。

「(民が)罪」という状態は否定的であり、解決しなければならない問題である。自分たちが置かれている否定的な状態を、正しい状態にしなければならない。正しい状態とは、「義」になることである。「罪」の対立概念は「義」であるから、神の前で義にならねばならない。その結果、「どうすれば神の前で義になれるか」が最大の課題になった。ここでも、問題が「義と罪」「善と悪」の枠組みの中で考えられている。

人生において「善悪」で単純に考えられることなどほとんどない。「罪」の解決となるべき「義」は、「百円でリンゴを売り買いする」の比喩に沿っていうならば、「百円を出すことが義で、百円を出さないのが罪」といったように考えられる、しかし、比喩では言えるが、具体的にどのような行為・生活・態度・思想・考え方が、「義」なのかは分からない。その結果、試行錯誤が行われた。王や預言者と称する者などが、さまざまな意見を表明し、人々を振り回そうとする。時代が進むと、一般人の中にも、さまざまな立場が生じてくる。他方、こうした問題に、無関心ないし無感覚な者も多かったと思われる。

こうしたさまざまな思索や試みは、自分たちは罪の状態にあるという前提がある限り、どれも無益である。神との関係について善悪の基準は、当てはめられるべくもないはずなのに、それを無理に適用して、考えを進めようとしているからである。

そうするうちに、「人が罪の状態にある」という立場は、「人が神をコントロールできる」「人が神よりも優位にある」という立場になっていることに気づいて、これを利用しようとする者が現れるようになる。

「我々は神の前で罪深い」と述べると、神との関連の思索になっていて、何やら立派なことが述べられているようである。しかも、人が否定的な位置にあるという主張になっているので、人々は不安になり、「ではどうすればいいのか」という疑問に縛られるので、多くの人を拘束することができる。「神の前で罪の状態にある」と宣伝する者たちは、社会において、お手軽にリーダーのような地位につくことができる。

今でも、たとえば人が多く集まる繁華街などで、きわめて強力なラウドスピーカーで、「人は罪の状態にある」と宣伝する者たちがいる。あるいは、何万人もの聴衆を集めて、「我々は神の前で罪深い」と叫んだりする。ところが、こうした宣伝を大声で言い回る者たちは、きわめて偉そうな態度である。

奇妙なことである。「罪の状態にある」とは、深刻で、きわめて否定的なことであるはずである。人間社会の法律上の罪であっても、かなり重大な事態である。

ましてや、神との関連で罪があるとなったら、とんでもないことである。ところが、「神の前で罪の状態にある」と宣伝する者たちは、大声でこれを言い回り、偉そうに振る舞う。罪深い者が、偉そうにする。なぜ、こんなことになるのか。

それは、彼らが「神以上の者」「神の主人」「自分の態度で神がどうすべきかをコントロールできる者」になってしまっているからである。神を退けて否定し、自分が神になっているからである。

神の沈黙を正当化するために、神ではないもの（人間の態度に応じて自分の態度を変化させる者）を神にしてしまった。「人が罪だと神が動かない」というのは、神を人間が動かせる機械にしてしまっていることであり、神を否定し、神を退けなければあり得ない立場である。

〈3〉神の前での「自己正当化」の排除［前二〜前一世紀］

バビロン捕囚から解放されたユダヤ人

ユダヤ教の進展における第三の新局面は、紀元前二～前一世紀ごろの状況である。「神の沈黙」の問題は、未解決のまま存続している。人が神を動かせるという前提からの「どうすればいいのか」という立場からの試行錯誤が行われる。しかし、功を奏さない。そうすると、「何が正しいか」を自分たちで勝手に決めて「自己正当化」で安心しようとする動きが生じる。厳しい修行に専念する者たちもいたが、普通の生活をしながらのお手軽な態度で事足りるとする者たちも現れる。しかし、次第に成立してきた「律法」の枠内で、敬虔にしていれば正しいと頑固に思い込む者たちは、自己満足に安住できなくなる。

第二の新局面だった「北王国の滅亡とその後」は、紀元前八世紀半ばからのことなので、第二の新局面から第三の新局面まで、七百年くらいが経過している。

北王国の滅亡（前七二二年）の後、南王国は残ったが、メソポタミアで今度はバビロニアが強大になり、アッシリアを滅ぼし、大きな地域を支配する。このバビロニアに南王国は滅ぼされる（前五八七年）。エルサレムは破壊され、神殿（第一神殿）も破壊される。生き残ったユダヤ人たちのうち、優秀な者たちは、集団で連行され、バビロニアの首都バビロンの近くの収容所で捕囚状態になる。この「バビロン捕囚」は半世紀ほど続く。

前六世紀後半になると、バビロニアのさらに東方のペルシアでアケメネス朝ペルシアが強大になり、バビロニアを滅ぼす。「バビロン捕囚」が終わる（前五三八年）。アケメネス朝ペルシアは、シリア・パレスチナも支配し、さらに広大な地域を支配する。

アケメネス朝は、支配下のさまざまな集団をむやみに奴隷状態に位置づけるのでなく、また望ましいとされる単一の人間観にあった人間になることを強制するのでもなく、アケメネス朝の支配を認めるかぎりにおいて多様な人々の多様性をかなり容認する政策で臨んだ。本格的な「帝国支配」が大規模に実施されたと言える。

この政策の枠内で、「バビロン捕囚」の状態にあった者たちは、パレスチナへの帰還が許される。破壊されたままだったエルサレムが復興され、紆余曲折の後に第二神殿も建てられる。しかしパレスチナに戻らないユダヤ人たちも、少なくなかった。ユダヤ人の本土はパレスチナだと言うべきだが、ここで「本土であるパレスチナとは別の土地に自発的に生活するユダヤ人」が生じた。「ディアスポラのユダヤ人」である。「ディアスポラのユダヤ人」は、最初はバビロン付近だけだったが、後にはかなり広い領域に広がっていく。「ディアスポラ」の土地では、ユダヤ人は外国人である。外国人が集団をなして田舎に住みつくのはやはり難しいので（その地域が独立国のようになってしまう）、「ディアスポラのユダヤ人」は都市（特に大都市）に特徴的に認められる現象である。この「ディアスポラのユダヤ人」の存在は、後にキリスト教が効率的に広い範囲に広がる上で、不可欠の要素の一つだった。

また、このペルシアによる支配の時期に、「（ユダヤ教の）聖書」成立のプロセスが開始される。「（ユダヤ教の）聖書」は、「トーラー」「法」「法律」と位置づけられている。日本語では、ユダヤ教の枠内だけで用いられる「律法」という特殊な用語の表現を「トーラー」の訳語としている。しかし「トーラー」はまずはごく普通の名詞であって、「法」「法律」のことである。たとえば英語では Law と訳されている。実際に「トーラー」は、ユダヤ人社会の普通の法律として位置づけられていた。ところが「トーラー」は「一字一句も変更できない」とされるようになり、単なる「神の言葉」以上の、絶対的とも言うべき権威を持つようになる。

「法」「法律」が、「神の言葉」と同様だとされるのは、珍しくない。「王の言葉」は「神の言葉」であり、だから従わねばならない。そして、「王の言葉」は普通の「法」「法律」のようでもあって、後から変更や廃止ができる。しかし、「一字一句も変更できない」のは、いわば異常である。「トーラー」「律法」のこうした性質は、後の「律法主義」をきちんと理解する上で重要である。

ユダヤ人たちは、「バビロン捕囚」からは解放されたが、独立はできず、その後は、ペルシア、ギリシア、ローマの支配下で暮らすことになった。パレスチナでは、ハスモン朝が一応の独立を実現して（前一四〇頃〜前三七）、一度はいくらか大きな勢力になりかけたが、頓挫《とんざ》して、王朝自体も長続きしなかった。

ユダヤ教の立場にとって、北王国の滅亡は大きな転換点になった。神が民を救わないという事実が、否定し難いものとして生じた。南王国に集まったヤーヴェ主義者たちによって、神がダメなのではないとする神学的工夫がなされた。「契約」と「罪」の概念を軸とする考え方で、神が動かなかったのは、神がダメなのではなく、人が「罪」の状態にあるからだ、という考え方である。

この結果ユダヤ人たちは、「神」ということになると、「ヤーヴェ」との関係しかないことになり、しかも「ヤーヴェ」が不在で、「動かない・沈黙している」ので、ユダヤ人たちは実質的に「神なし」の状態に置かれることになった。

これは、ユダヤ人たちが「自分たちは〈罪〉の状態にある」としているから、生じている状況である。「自分たちは〈罪〉の状態にある」という立場をユダヤ人たちが選択しているのは、神ヤーヴェとの関係を継続したいからである。神ヤーヴェとの関係を継続したいなら、「自分たちは〈罪〉の状態にある」という立場を選ぶしかないからである。「自分たちは〈罪〉の状態にある」という立場を捨てることはできる。しかし、そうすると、神ヤーヴェとの関係が全面的に消えてしまう。ユダヤ人たちが「〈罪〉の状態」にないなら、ヤーヴェは「ダメ神」になって、そのような対象を「神」とはできないからである。

「罪」は、否定的なことである。「罪のない状態」が、「義」である。神ヤーヴェとの関連において、ユダヤ人の状態が「義」にならねばならない。そこで、神ヤーヴェの前で、どうすれば「義」になれるのかが、ユダヤ人たちの中心的な課題になる。

この課題設定自体が、そもそも誤りであることに、ユダヤ人たちはなかなか気づかない。罪だから神が動かない。ならば、義になれば神が動いて、神との関係が実質的で生きしたものになる、と考えている。「私が悪いからあの人は私を捨てた、だから、私が変わればあの人は戻ってくる」とする元恋人の考えに似ている。つまり、自分たちの状態をうまく調整すれば、自分たちの好きなように神を動かせる、と考えている。自分たちに服従している僕《しもべ》であるかのように、神を考えている。

北王国滅亡のあと、南王国は、ともあれ独立国として存在する（前七二二～前五八七）。

「申命記改革」と「申命記的歴史」

南王国単独の存続の時期の目立った出来事は、ヨシヤ王（在位前六四〇頃～前六〇九）が率先して行ったとされる「申命記改革」である。何が善で何が悪かを示した掟集のようなものが作られた。一般的な法律も、何が善で何が悪かを示した掟集である。ヨシヤ王の掟集も、一般的な法律のような意味合いがあった。

この掟集は、それに加えて、神の前で何が善で何が悪かを取り決めた掟集になっている。人間が、神の前で何が義で何が悪であるかを知ることができて、義とされることを人間が行うことで神をコントロールできるという前提が、ここに典型的に認められる。

この掟集は、のちに聖書の最初の部分（モーセ五書）が作られた際に、五番目の文書である「申命記」に、変更をあまり施されずに収録された。

「申命記」は、モーセが、亡くなる直前にユダヤ人たちに述べたとされる演説が、主要な部分になっている。「出エジプト」の後、ユダヤ人たちが荒野をさまよった挙句、「ヨルダン川の向こう側」に到着し、いよいよヨルダン川を渡ってカナンに侵入しようとしている時である。「申命記」の末尾の記述では、モーセは、長い演説を終えた後、ユダヤ人たちがヨルダン川を渡る直前に、亡くなったとされている。モーセの後に指導者となったのが、ヨシュア（念のためだが、「ヨシヤ王」とは別人）である。

前七世紀後半にヨシヤ王が作った掟が、聖書では、前十二世紀にモーセが民に述べた掟として記されている。これは、たとえば、日本史の記述で、徳川家康が作った掟が、聖徳太子が公布したとされているようなものである。こうしたことを「アナクロニズム」「時代錯誤」と言う。

聖書にはこうした大きな過ちがあるのだから、聖書には価値がない、という議論もできるだろう。しかし聖書は「申命記」の「アナクロニズム」を隠そうとしていない。たとえば、申命記一二章には、神殿での儀式についての規定が、かなり具体的に細かく記されている。神殿は、ソロモン王（在位前九七一～前九三一）の時に初めて建設された。神殿での儀式の規定は、その時から徐々に整備されたと考えるのが順当である。ところが、前十二世紀のモーセは、前十世紀にならないと出現しない神殿での規則をかなり具体的に知っている。このことは、聖書にそれほど詳しくなくても、普通の読者なら気が付くことである。聖徳太子の掟に、江戸を中心とする幕藩体制の政治関連の具体的な規定が記されているようなものである。

しかし聖書は、ユダヤ教の伝統では、絶大な権威がある。したがって、聖書の権威は、内容の単純な正確・不正確、あるいは合理・不合理に、存しているのではないという立場が、大胆に示されていると考えるしかない。人間の側の単純な正確さ・合理性の判断基準に迎合しない権威が、聖書にあるとされている。

もしかしたら、次のようなメッセージになっているのかもしれない。聖書には、絶大な権威があるとされている。しかし、具体的な記述には、歴史的出来事として、明らかにあり得ない内容があちこちに認められる。つまり、権威がある書物だとしても、具体的な記述が「真実」(ここでは、特に歴史的真実、実際に生じたこと)と考えるな、という警告がなされているのかもしれない。創世記の冒頭に、二つの「創造物語」があって、一方では、男女が同時に作られ、他方では、男がまず作られ、いろいろ経緯があってから女が作られる、とされていて、結局のところ、聖書としては、どちらの物語も優先できないので、どちらも「真実」ではない、というメッセージになっているのに似ている。

「申命記改革」との関連でもう一つ重要なのは、「申命記的歴史」である。「申命記的歴史」は、「申命記」にあるような神の前での(人間が考えた)善悪の基準で歴史の出来事を判断するという立場からの一連の歴史記述である。ユダヤ人たちの間のさまざまな出来事について、善悪の判断がかなり明確に示されている。「○○王は、主の前で正しいことを行った」「××王は、主の目に悪とされることを行った」といった類の記述が目立っている。

この「申命記的歴史」にあてはまるとされているのは、具体的には、ヨシュア記、士師記、サムエル記上下、列王記上下、である。

これらの歴史的記述が、「申命記的歴史」というグループにまとめて考えられるということについては、あまり異議がないようである。

執筆の状態については、さまざまな説がある。著者は一人だったのか、集団だったのか。一気に全体が成立したのか、徐々に書かれたのか。執筆時期については、「バビロン捕囚」の時期（前六世紀）とする説があるが、異説もある。

いずれにしても、人間の側に、神との関連において善悪の判断ができるとする考え方が、かなりの影響力をもっていたことを物語っている。

聖書成立のプロセス

前六世紀の前半に、南王国はバビロニアによって滅ぼされてしまう（前五八七年）。北王国滅亡の時に続いて今回も、神ヤーヴェは民を救わなかった。しかもユダヤ人たちは、この時に自分たちの独立国家を全て失った。しかし、ユダヤ人たちの集団としてのまとまりは存続する。

勝者であるバビロニアは、生き残ったユダヤ人たちのうち、優秀な者たちを集団で連行して、バビロニアの首都バビロンの近くの収容所で捕囚状態で生活させる(「バビロン捕囚」)。こうした措置をバビロニアが採用したことは、ユダヤ人集団の存続にとって不可欠だったと考えられる。ここでユダヤ人たちがバラバラにされ、広大なバビロニア帝国の住民にすぎなくなったら、ユダヤ人というまとまりが消えてしまっただろう。

しかし、ユダヤ人たちが物理的に集団で生活したというだけでなく、ヤーヴェ崇拝を保持している者たちとして、非ユダヤ人たちと異なることがはっきりした立場が保たれたことも重要である。王国の喪失ということになっても、神ヤーヴェに仕えるという原則によるまとまりが、大きな問題もなく保たれたようである。

神が動かず、不在である、それは自分たちが「罪」の状態にあるから、という立場が、北王国の滅亡の時からの南王国存続の間に、ユダヤ人たちの間に浸透していて、国の滅亡という世俗的には最悪な事態が生じても、神ヤーヴェを否定的に評価する理由にならなかったからである。

「バビロン捕囚」は、半世紀ほどで終了する（前五三八年）。アケメネス朝ペルシアがバビロニアを滅ぼし、広大な帝国支配を実現する。思い切って単純化して言うならば、アッシリアやバビロニアは、力の支配で広大な地域を治めようとして、短命に終わった。アケメネス朝ペルシアは、ペルシアの支配を尊重する限りにおいて、支配下のさまざまな集団に、かなりの自由を許した。

こうした政策の下で、ユダヤ人たちは、破壊されたままだったエルサレムを復興し、新たな神殿を建設した（第二神殿）。この「ペルシア期」に、ユダヤ教の後の展開にとってきわめて重要な出来事が生じる。ユダヤ教の「聖書」の成立のプロセスが、この時期に始まる。

ユダヤ人たちは、のちの「聖書」のような権威ある文書集を作ろうと、最初から考えていたのではない。当初は、のちの「聖書」の最初の部分、創世記から申命記までの五つ文書からなる文書集が作られた。こうした文書集がどのような経緯で成立したかについては、情報が少なく、具体的なイメージがなかなか摑めない。聖書学の勉強を進めても、この肝心な点が空白のままである。

ユダヤ人たちの間で「聖書」という権威ある文書集が、どのように、そして、なぜ、成立したのか、こうした質問を、私が若いころ、国際学会などで何人もの著名な先生方に尋ねたことがあった。答えにくい、答えられない重要な質問があった場合、西洋語には典型的な対応の仕方がある。「それはたいへん良い質問だ。良い質問には、良い答えがなければならない。あはは」というものである。

研究状況がこのようにしか答えられないものであるのも、それなりに理解できる。しかし聖書成立の事情は、聖書理解にとって不明のままでは放っておけない、肝心かなめの問題点である。

モーセ五書についての四資料説

最初に作られたのは、すでに述べたように、創世記から申命記までの五つ文書からなる文書集である。この文書集の全体のタイトルは「トーラー」であって、日本語では「律法」である。日本語の「律法」という表現は、ユダヤ教の聖書や掟を指す特殊用語のようになっているが、前述したように「トーラー」は、まずはごく普通に、「掟」「法律」を意味する普通名詞である。

最初の文書集の成立には、エズラという、ユダヤ人であって、ペルシア政府の高級官僚である人物が、密接にかかわっていた。彼は、「モーセの法律・掟（トーラー）」に詳しい。彼の活動年代については、かなり曖昧にしか分からないようである。前五世紀後半〜前四世紀あたり、とだけ述べておく。エズラは、バビロンからエルサレムに派遣される。

それから、ネヘミアという人物が重要である。彼も、ユダヤ人であって、ペルシア政府の高級官僚だが、かなり高位で、王とともに食事をするような人物である。そして彼は、ユダヤ州の長官である。エルサレムでは、彼の監督の下、神殿（第二神殿）の建設、町（特に城壁）の全面的修復などが行われている。

城壁修理が完了したところで、書記官エズラが、エルサレムで、「モーセの律法の書」を人々の前で朗読したという記事がある（ネヘミア記八章）。

こうしたことから、ペルシア政府がユダヤ人共同体の整備に、かなり積極的に介入していたことが窺える。ユダヤ人たちが、周辺の非ユダヤ人部族の者たちと結婚して、混血が生じていることを厳しく取り締まるなど、ユダヤ人たちが他の民族・部族と仲良くすることは妨げられている。ペルシアの支配下の者たちが団結して、ペルシアに反乱を起こすことを未然に防ぐ政策である。大きな支配を実現している当局が、支配下の中小の勢力（国や民族）が互いに対立するよう仕向けるのは、昔も今もかなり有効な方針である。しかし、ユダヤ人たちの生活を、彼らの伝統に沿って整えることは、許容され、積極的援助が与えられていた。ユダヤ人たちには、かなりの独自性、かなりの自由が認められていた。

そうした中で、ペルシア政府は、ユダヤ人たちがどのような「掟」に従っているかを知るために、そして、その「掟」による拘束を、ペルシア政府の権威で強化するために、「掟」を文書にして提出するよう求めたと考えられる。エズラが中心になって、この「掟」編纂の作業が行われた。「掟編纂委員会」といったようなものがあったと考えると、分かりやすい。

この時に、ユダヤ人たちの間に伝わっていた四つの資料が主に用いられた。これは、十九世紀になって科学的な聖書研究が本格的に開始されて、旧約聖書の「モーセ五書」の研究から明らかになってきた考え方である。研究者たちにとっても、存在しているのは、聖書のテキストだけである。さまざまな議論があって、結局のところ四つの主な資料があったという結論に至った。細かい点には、いろいろと議論の余地があるが、基本的な大枠は、ほぼ間違いないと思われる。

単純で偏狭な観点から（特にピューリタン的な教会集団など）、この「四資料説」を否定する主張がなされたりしているが、ただ否定するだけで終わっているようである。「四資料説」が間違いならば、十九世紀以来の議論を踏まえた上で、論理的・科学的な議論を示すべきである。この「四資料説」は、英語ではDocumentary hypothesisと呼ばれている。「文書仮説」と訳すべきだろうか（仏：Hypothèse documentaire、独：Urkundenhypothese）。西洋語の表現では、ここで「四つの資料」が考えられているということが名称に反映されていない。日本語では、西洋語の欠陥のある表現に盲従する必要はないのだから、「モーセ五書についての四資料説」といったように呼ぶべきである。

これらの四つの資料には、それぞれ、J、E、D、Pという略語がつけられている。以下に示すように、古い時代に作られたそれなりにまとまりのあるテキストである。「資料」という名になっているが、これは、エズラの時に「モーセ五書」が編纂された際に、「資料」として用いられたという観点からの名前である。それぞれのテキストは、もともとは「資料」を作ろうとする意図で作成されたのではない。それぞれのテキストは、元は独立したテキストだったが、それが後になって「資料」として用いられたのである。

J　Jahwist（ヤハウィスト）の略。「ヤーヴェ資料」。紀元前九五〇年ころに南ユダ王国で書かれた。ソロモン王のころである。「南王国版イスラエルの歴史」といったものである。神の名に「ヤーヴェ」（「主」と訳されたりする）が多用されている。冒頭は、「エデンの園」の物語で始まっていた。

E　Elohist（エロヒスト）の略。「エロヒム資料」。紀元前八五〇年ころに北イスラエル王国で書かれた。「北王国版イスラエルの歴史」といったもの。神の名に「エロヒム」が多用されている。

D　Deuteronomium（申命記）の略。「申命記資料」。紀元前七世紀のユダ王国ヨシア王の時の宗教改革（申命記改革）の時に書かれた。これは物語ではなく、掟集である。日本語では「申命記資料」と言われることもある。

P　Priesterschrift（祭司資料）の略。紀元前五五〇年ころのバビロン捕囚の時、あるいはそれ以降に書かれた。冒頭は、「六日間の天地創造の物語」で始まっていた。

一つの文書を作る際に、さまざまな資料を用いることは、珍しくない。その際に、同じテーマについて、資料の間で違う記述がなされたりする場合、それらを単純な筋の通る流れに「書き直す」という作業をすることもできる。ところが、「モーセ五書」の編纂作業では、こうした「つじつまを合わせる」「矛盾をなくす」ということは、あまり行われなかったようである。たとえば、創世記の冒頭には、「創造物語」が二つ並んでいる（エロヒム資料には、創造物語はない）。最初の「六日間の天地創造の物語」（祭司資料）では、男女が一挙に作られた、とされている。二番目の「エデンの園の物語」（ヤーヴェ資料）では、まず男が作られ、しばらく経緯があって、女が作られる。また、最初の「六日間の天地創造の物語」（祭司資料）では、神は創造の業を次々に行って、こうした神の行為には問題がないかのようである。これに対して、二番目の「エデンの園の物語」（ヤーヴェ資料）では、神は「男を〈助ける者〉を作ろう」ということで、さまざまな動物や鳥を作るが、どれも適格でない。そして「女」を作る。彼女は、男によって受け入れられたようだが、彼女のその後の働きをみると、彼女が「男を〈助ける者〉」として適格だとは言いにくい。神の業には、失敗の場合もある、ということが示されているかのようである。こうした「齟齬《そご》」「矛盾」に気づくのは、それほど難しくない。しかし、「モーセ五書」の編纂にあたっての訂正がなされていない。

こうした「齟齬」「矛盾」があちこちに認められるので、背後に異なった「資料」があったと推測できることになる。

全体が物語で、変更のできない「掟」

「民族の掟を文書にして提出するように」というペルシア政府の要請にしたがって、エズラたちは「モーセ五書」に当たるテキストを作った。さまざまな立場を考慮した、複雑な体裁のテキストになった。これを、ペルシア政府に提出する。「モーセ五書」は「掟（トーラー）」として受け付けられた。

しかし、「モーセ五書」は、「掟」なのだろうかという素朴な疑問がどうしてもつきまとう。申命記のモーセの演説の内容は、いかにも「掟」である。その他に「十戒」も、「掟」の体裁になっている。ただし「十戒」には、二つのバーションがある。出エジプト記二〇章と申命記五章である。この二つは同一ではない。同じようなテーマなのに、微妙に異なるテキストが、どちらも権威ある（聖書のテキストである）掟だという体裁になっている。掟としての価値を両者で消しあっているとしか解釈できない。その他に「掟」と言えそうなテキストはあちこちにある。しかし、「モーセ五書」は、全体としては、天地創造以来の、ユダヤ人たちの祖先の物語、「出エジプト」「荒野での放浪生活」までの物語である。「掟」となると、それを守ったり、違反したりすることになるが、「物語」を「守る」「違反する」とはどのようなことなのだろうか。これは、文学ジャンルに、決定的で大きな齟齟齬がある、ということになる。

　こうなると、ペルシア政府は、「モーセ五書」が「掟」として提出された際に、内容を少しでも吟味したのかという疑問が生じてくる。

　ペルシア政府への「掟」の提出を、エズラ自身が行ったのかどうかは分からない。しかし、エズラがテキストを持参して、政府に提出したと想像してみる。政府の担当者が、「掟」の内容を検討するべく最初の部分を見てみる。ヘブライ語で書かれているから、翻訳者が横にいただろう。その最初の部分には、「六日間の天地創造の物語」が記されている。変に思ってさらに読んでみると、「エデンの園の物語」が記されている。次は、「アベルとカインの物語」である。

　担当者は、「これのどこが〈掟〉なのか」と怒り出す可能性が大きい。「ペルシア政府をバカにしているのか。ひいては、王をバカにしているのか」ということになりかねない。古い時代のことなので、こんなことをしたら、死刑という措置も十分に考えられる。エズラは、日本風に言うならば、上着の下は、死に装束を身につけて、決死の覚悟で、「掟」ということになっている「モーセ五書」を提出したと考えたくなる。しかもこうした行為は、エズラひとりが罰せられるのでなく、ユダヤ人全体が罰の対象になって、ユダヤ人全員の処刑に繋がっても仕方がないとも考えられる。

しかし、「モーセ五書」は「掟」として受け付けられた。確かめもせずに、承認されたのかもしれない。あるいは、内容は吟味されたけれど、お咎《とが》めもなく、そのまま受け付けられたのかもしれない。ペルシア王（アルタクセルクセス王、一世？ 二世？）なら、それくらいの度量があったかもしれない。「エズラ、お前は面白いやつじゃ。気に入った」といった台詞も考えられる。

経緯の細部がどのようなものであったかはともかく、「モーセ五書」は「掟」として公式に承認された。これはユダヤ人たちの掟だから、ユダヤ人たち全員を拘束する。実践的には、申命記でモーセが述べている「いかにも掟らしい掟のところ」を引用して、当面の状況についての是非の判断を示し、それで掟としての「モーセ五書」を尊重し、遵守《じゅんしゅ》している様子を取り繕うことができるかもしれない。

しかし、それで、全体が物語であるという雰囲気が濃厚な「モーセ五書」という「掟」を遵守しているのかという根本の問題が、解消するのではない。「掟」として遵守しようのないものが、「掟」になってしまった。何とも奇妙な掟が、成立してしまった。物語要素が濃厚なテキストが「掟」とされていることについて、次のような事情を考えてみることもできる。

たとえば、ネヘミヤ記の記述を見ると、書かれた掟の権威を振りかざして強硬な命令が示され、それに従うべきだという様子が繰り返し記されている。〈ここに「……」と書かれているから、「……」すべきだ〉、というスタイルの強制力の発動である。南王国のヨシヤ王の時以来、神の前での善悪を人間が知っているとする立場は、だんだんと堅固なものになっていた。「申命記的掟（ヨシヤ王の掟）」だけでなく、「申命記的歴史」の長大な叙述が成立するのは、こうした立場が大きな影響力をもっていることを物語っている。これは、善悪を判断するのは、人間であって、神ではないとする、不遜な立場である。

こうした立場を是《ぜ》としない者たちもいたと思われる。

「トーラー」には、四つの主要資料があった。申命記にはめ込まれた「申命記的掟（ヨシヤ王の掟）」以外の、あとの三つの主要資料は、どれも歴史物語である。神が、ユダヤ人集団に対して、歴史の流れの中で、それぞれの状況において、さまざまな介入を行った、そうした様子の記録である。しかも、同じ歴史的事件であるはずなのに、二つないし三つの異なった観点の記述が織り込まれている。創世記の冒頭の、創造の業についての記述で、互いに相いれない二つの物語が並べて記されていることについて、すでに簡単に指摘した（ここは、祭司資料とヤーヴェ資料だけ。エロヒム資料には創造物語はない）。善悪を決めるのは神であり、場合場合によって、神がどうするかは一貫していない。創造の業の場合のように、ふたつの異なる神の様子が示されるが、どちらがホントなのか、何がホントなのかは分からないとしか結論できないような記述もある。

箇条書きにしたような掟は、時空の違いを超えて、いつでもどこでも適用できるような体裁になっている。しかし、そのような「掟らしい掟」だけに注目して人々を拘束しようとすることは、浅はかな立場であることが、物語的雰囲気が濃厚な「トーラー」全体によって示されている。つまりエズラは、「〈掟らしい掟〉は人々を拘束できるようでできていない」という警告を込めて、あのような掟を作成したのではないだろうか。

しかし、「〈掟〉ということになっているが、〈掟らしい掟になっていない〉」ということに加えて、「掟」としての「モーセ五書」の承認は、もう一つの重大な結果につながることになる。

古い時代の、たとえば王国の掟は、「王の言葉」「王の命令」であり、それはとりもなおさず「神の言葉」である。王は、神と民の仲介者であり、神の意向を伝える者、「預言者」だからである。だから、「王の言葉」「王の命令」には従わねばならない。しかし王の言葉は、変更可能である。廃止して、新たな掟を定めたり、すでにある掟の一部を変更したりすることができる。

ところがペルシア当局に承認されたこの「掟」は、「一字一句も変更できない」という性格を備えることになる。この「掟」は、いわば「普通の神の言葉以上の強力な掟」である。なぜ、こうしたことになるのか。

それは、一言でいえば、ペルシア当局の権威が背後にあるからである。どんな掟も、時代が変わり、諸般の事情が変われば、変更が必要になる。今回の「トーラー」も、同様である。掟の変更がユダヤ人たちの間だけのことならば、いろいろと工夫して、変更は可能である。「神の言葉」でさえ、変更可能である。

しかし、今回の「トーラー」を変更しようとすると、どうなるだろうか。ユダヤ人たちの間で、必要な変更の案が作られたとしよう。この案について、ユダヤ人たちの間で合意が得られたとしよう。しかし、それだけでは不十分である。元の「トーラー」が、ペルシア当局に提出されている。この「トーラー」が、現行の正式な「トーラー」である。

現行の「トーラー」を変更するならば、ペルシア当局のところにあるこの〈元の「トーラー」〉を、変更しなければならない。つまり、「トーラー」の変更を、ペルシア当局に認めてもらわねばならない。しかし、そのようなことは、絶対に不可能である。

ペルシアは、政治的・社会的には、優位にあって、ユダヤ人たちも、それに見合った態度をペルシアに示したりしている。しかし、ペルシアは異教徒である。神の前では、価値がない。「神の言葉」が、神の民であるユダヤ人の間で有効なものとなるために、異教徒に承認してもらうといったことは、問題外である。この結果、〈元の「トーラー」〉の変更はできない。すると、ユダヤ人たちによって有効な「トーラー」は、元のままでしかあり得ない、ということになる。

こうして、「トーラー」は、「一字一句も変更できない」という特殊な性質を備えた掟として、ユダヤ人たちを拘束することになった。

一般民衆のレベル向上をはたしたシナゴーグ

しかし、新しい転換が生じる。アケメネス朝ペルシアは、前四世紀後半に、ギリシア勢力（アレキサンダー大王）によって滅んでしまう。勝敗を決定づける「イッソスの戦い」は、前三三三年である。

こうなると、「トーラー」を変更するのに、ペルシア当局の承認が必要だという条件が解消する。ユダヤ人たちは、「トーラー」を、自分たちの裁量だけで扱えるようになった。「トーラー」をあれこれ変更することもできる。元の「トーラー」を全面廃止することもできた。

ところが、「一字一句も変更できない」という特殊な性質を備えた元の「トーラー」は、そのままの状態で、ますます絶大な権威をもつようになる。簡単に言うなら、このころから文化状況に変化が生じて、新たな問題が目立つようになり、「一字一句も変更できない」ところの「律法」（元の「五書」に新しい文書が加わって、文章数が増えてくる）が、この問題について極めて有効な解決手段になったからである。

「文化状況の変化」とは、一般のユダヤ人たちが「自分で考える」ようになって、神の前で何が正しいかを自分たちなりに決めてしまう者たちが生じてきたことである。「神の前で何が正しいかを自分たちなりに決めてしまう（そして、それを実践する）」ことを、「敬《けい》虔《けん》」という。

以前の一般ユダヤ人たちには、まとまった集団で生活するには、目立った指導者たちが必要だった。王や宮廷（政府）の役人や軍人、預言者や祭司などである。大小の戦乱が続いて、経済もあまり安定していなかったようである。

しかし大帝国の支配下にあると、生活がそれなりに安定してくる。ペルシアは、強大な支配を強制するだけでなく、人々の幸福にそれなりに配慮した政策を採用した。そして、エズラやネヘミアのように、非ペルシア人でも優秀なら高く用いられるということになれば、優秀な人材が育つ契機にもなる。

この後の大規模支配者であるギリシアやローマも、大枠では、ペルシア以来の寛大な支配政策を継承した。

一般ユダヤ人のレベルの向上に関して重要なのは、「シナゴーグ」である。ユダヤ人の「本土」は、エルサレムを中心とするパレスチナである。しかし、「バビロン捕囚」の終《しゅう》焉《えん》以降、「ディアスポラのユダヤ人」が、地理的にも人数的にも拡大する。「ディアスポラのユダヤ人」は、「パレスチナ以外のところでの生活を自発的に選んでいるユダヤ人」である。彼らは、それぞれの土地では外国人であり、少数派である。かつては、ユダヤ人以外にも、さまざまな中小の民族的まとまりがあった。こうした非ユダヤ人たちにも、大帝国の広範囲の支配が続く中で、あちこちの土地に分散して住むようになった者は、少なくなかったと思われる。つまり、大帝国のある程度以上の規模の都市は、「コスモポリタン」な状況になっていた。いろいろな面で多様な人たちが共に生活している状況である。こうした状況では、結婚などを通じて、世代が進むと、自分が何人なのか自分でもよく分からないといった人たちが増えてくる。彼らは、大帝国のひとりの住人でしかなくなる。古い資料で、「○○人」「△△人」となっていた民族集団が、いつのまにか消えてしまうということは、珍しくない。皆殺しになって、民族が消滅したのではなく、大帝国の坩堝《るつぼ》のような状況の中に溶け込んで、「自分は××人」というアイデンティティーが失われてしまっている場合が少なくないと思われる。

こうした中でユダヤ人たちは、ユダヤ人としてのまとまりをよく保っていた。ユダヤ人としてのまとまりがそれなりの規模であるパレスチナにおいてだけでなく、「ディアスポラ」の諸都市で少数派でしかない状況の中で、ユダヤ人たちは、いつまでもユダヤ人だった。

こうした特殊な事態が生じたのは、ひとえに「シナゴーグ」の活動があったからである。「シナゴーグ」は、「集まる場所」という意味で、「会堂」などと訳されている。

ユダヤ教では、正式には、聖なる場所は「神殿」だけである。したがって「シナゴーグ」は、特別に聖なる場所ではない。人々が集合して会合をもたねばならないので、そのために必要な施設でしかない。日本でも、公会堂とか公民館といった施設があるが、それらと同等である。

ユダヤ教徒たちは、シナゴーグで何をしていたのか。メインの活動は、「安息日」（今の金曜日の日没前から、土曜日の日没まで）での集会である。すでに確認したように、ユダヤ教は民族宗教なので、ユダヤ人ならユダヤ教徒、ユダヤ教徒ならユダヤ人である。

ユダヤ人たちが集まっている。活動の中心にあるのは、「聖書」（「トーラー」）である。正式な聖書は、巻物である。「ラビ」とよばれる先生がいる。彼は、律法についてある程度勉強してきた者である。彼が集会を主導する。「聖書」の一部の朗読がある。読まれた箇所について、ラビが、何やら立派な演説をする。そのシナゴーグを担当しているラビでなく、外部のユダヤ人でラビに相当するような者が話をすることもある。その後、賛美の言葉ないし歌、祈りなどがなされる。献金が集められたりする。これは、のちのキリスト教の礼拝の様子に酷似している。キリスト教が、ユダヤ教の「シナゴーグ」の活動を真似たからである。

こうした集会に週一回参加していると、人々は、不十分とはいえ、「聖書」の内容に親しくなる。広範な地域に広がっているユダヤ人たちが、同じ物語や思想を共有することになる。また、一応の知識人の話を、少なくとも週一回聞くことができる。音楽にも接することができる。古代では、こうした活動に参加しない限り、平板で刺激のない日々が過ぎるばかりである。

また、安息日の集会の後、共に食事をする、ということも行われていた。この食事には、会衆全員が与《あずか》ることができた。無料である。極貧の者にとっては、少なくとも週一回、無料できちんとした食事ができることは、実際的に助かることである。他の人々と共に食事をするので、最低限でもマナーを守って過ごすという、社会生活トレーニングにもなる。ユダヤ人たちは、その他にも、シナゴーグでの活動を通しての繋がりがあって、社会生活の便宜があった。重要だと思われるのは、死んだ時のことである。身寄りがなかったりすると、自分が死んだ時に、死体がどうなるだろうというのは、たいへんな気がかりである。ユダヤ人であって、シナゴーグのメンバーならば、シナゴーグが葬儀を行ってくれる。これは、ひとつの大きな安心である。

このような活動を本格的に行っているグループは、古代には、他にはなかったようである。このために、非ユダヤ人であってユダヤ教徒になるものが、少なくなかったとされている。シナゴーグ活動の社会的・文化的魅力だけが、仲間の拡大の理由だと断言するつもりはないが、シナゴーグ活動の魅力が与るところが小さくなかったと言えると思われる。

シナゴーグは、ディアスポラの地域だけでなく、パレスチナ、そしてエルサレムにも、設立されるようになる。現代の日本にも、二つのシナゴーグがある。東京の広尾、神戸である（二〇二三年確認）。

預言者はなぜ見限られたのか

こうした動きの中で、一般ユダヤ人でも「自分で考える」者が、多くなってきた。すべての者たちが、自立したしっかりした考えをもつようなった、などという事態ではない。しかし、一般ユダヤ人で「自分で考える」者は、かつては皆無と言えるような状態だったのが、そうでなくなってきたのである。

こうした動きと表裏一体だと思われるのが、預言者の権威の失墜である。

「預言者」というタイトルは、曖昧なところがある。広い意味では、たとえばモーセは預言者だし、イスラエル統一王国、その後の南北の王国の王たちも預言者である。神と人との仲介者という意味があてはめられている。しかし、狭い意味では、モーセや王たちのようないわば体制の秩序を設立し守る立場の者に対して、目の前の重要問題を取り上げて、原因の説明などの分析をし、その解決のあり方、神が将来どのように介入するかを前もって告げる者たちを指すことになっている。今風に言うなら、政治評論家であり、批判的な政治活動家といった感じである。しかし、特に未来の見通しについての預言がなされて、これが空約束になってしまうことが繰り返される。

北王国の四人の主要な預言者の最後の者であったホセアが、「神は民を愛しているので、民を捨てない」と預言した。その直後に北王国が滅んで、神が民を見捨てた形になったことは（前八世紀後半）、すでに指摘した。

空約束になった預言の例を、もう少し見てみる。イザヤ書五四章六〜七節に、次のような言葉がある。

ヤーヴェはあなたを呼び戻す、捨てられて苦悩する妻を（呼び戻すように）、若いときの妻を（呼び戻すように）。（……）
わずかの間、わたしはあなたを捨てたが、大きな憐れみをもってわたしは、あなたを引き寄せる。

イザヤ書は、全六十六章で、成立年代が異なる三つの部分からなっている。

第一イザヤ　一～三九章、預言者イザヤ本人、南王国の預言者、前八世紀末近く、北王国滅亡前後。
第二イザヤ　四〇～五五章、「イザヤ教団」と呼ぶべきイザヤ的預言者集団、「バビロン捕囚」後半、前六世紀半ば過ぎあたり。
第三イザヤ　五六～六六章、「イザヤ教団」と呼ぶべきイザヤ的預言者集団、「バビロン捕囚」終わり以降、前六世紀末近くから前五世紀初めあたり。

したがって、先の引用は「第二イザヤ」のもの。人々は「バビロン捕囚」のただ中で、打ちひしがれ、絶望的になっている。彼らは「捨てられて苦悩する妻」のようである。神自身が、「わたしはあなたを捨てた」と認めている。南王国を救わなかったことである。しかし神は、「呼び戻す」「引き寄せる」とされている。希望のメッセージになっている。この後、「バビロン捕囚」は終了し、それ自体は歓迎されるべきことである。しかし、人々が希求しているのは王国の復興なのだが、それは実現しない。

イザヤ書六二章四～五節には、次のような言葉がある。これは「第三イザヤ」。つまり

「バビロン捕囚」は終了したが、王国は復興せず、人々は意気消沈している時である。

あなたは再び「捨てられた（女）」と言われることなく、あなたの土地は再び「荒廃した」と言われることはない。あなたは「ヘフツィ・バ」（私の喜びは彼女にある）と呼ばれ、あなたの土地は「バアル」（結婚している者、夫をもつ者）と呼ばれる。ヤーヴェがあなたにおいて喜び、あなたの土地は結婚状態になるからである。若者が乙女をめとるように、あなたの子達があなたをめとるだろう。花婿が花嫁を喜びとするように、あなたの神（エロヒム）はあなたを喜びとするだろう。

先ほどの、「第二イザヤ」の預言と、同様の構造になっている。今の状態は悪い。しかし神が救うだろう、という構造である。「第三イザヤ」が、今の状態は悪い、と認めているのだから、「第二イザヤ」で約束された救いは実現していないことになる。「結婚」の比喩が用いられているので、これに沿って、次のようなことが言える。

男が女を捨てたが、必ず呼び戻すと約束する（「第二イザヤ」）。「呼び戻す」とは、「結婚する」という意味である。ところが、それから半世紀ほど経って、「君は、〈捨てられた女〉なんて呼ばれやしないよ。将来、必ず結婚するからね」とまた言っている（「第三イザヤ」）。

民としては、愛想がつきる、ということになって当然ではないだろうか。「愛想がつきる」とは、「見切る・見限る・見捨てる・見放す・さじを投げる・見切りを付ける」といった意味である。女が、ウィスキーの水割りを頼んで、「ここには幾つの嘘が溶けてるの？」と言いたくなる状況である。


預言者は、ペルシアの支配が終わるころまでで、舞台から消えてしまう。つまり、前四世紀後半あたりである。

預言者は、「私は、預言者である」「私は、神の言葉を伝える者である」「私は、皆に伝える、〈神はこう言った、云々〉」「私は、分かっている」といったスタイルの言葉を、大声で言い出す者である。ユダヤ教は、預言者を、前四世紀後半あたりで見限っている。考えてみれば、神は神なのだから、預言者のような者を必要とするのはおかしい、ということになる。神自身が現れれば済むことである。預言者だと称して、支配者的に振る舞おうとする者は、神が不在であることをいいことにして、神をダシにして、自分に都合のいい立場を主張する者かもしれないと考えるべきである。今となっては、二千年以上前に、預言者のスタイルは見限られているのだから、預言者の類には取り合わないのが賢明である。

預言者についての以上のような考えが、実はすでに、前四世紀ころのユダヤ人たちの間にかなり広まっていたと考えられる。

「ヨブ記」には、こうした立場がかなり鮮明に示されている。「ヨブ記」は、現代でも通じるような対話劇になっている。ヨブという人物が、厳しい不幸に襲われてしまう。すべてを失い、最悪の病床についているヨブのところに、三人の者が来て、ヨブがなぜこんな不幸に陥っているのかについての議論をあれこれ述べる。彼らは、預言者のように語る。ヨブはこうした「説明」をすべて退ける。ヨブの立場は、「(私の不幸の原因は)私には分からない」である。最後に神が出てきて、ヨブを褒め、ヨブは再び幸せになる。ヨブ記の成立は、前四〇〇年あたり、つまり前四世紀初めあたり、と考えられている。ちょうど、エズラによる「モーセ五書」からなる「トーラー」が完成したころである。

「これでいい」という思い込み

すでに述べたように、アケメネス朝ペルシアは、アレキサンダー大王との戦いに敗れて滅亡する。勝敗を決定づけた「イッソスの戦い」は、前三三三年だったと確認した。大王はエジプトを征服し、ペルシア方面では、それを越えてインドに迫るところまで領土を拡張した。しかし、前三二三年に病死してしまう。その後、広大な領土をどうするかを巡って、将軍たちの間での戦争が生じて、基本的に四つのギリシア系の国に分かれることになるのは、前四世紀末である。ユダヤ人たちにとって重要なのは、プトレマイオス朝エジプトとセレウコス朝シリアである。

ユダヤ人たちにとっての最大の問題は、神の前で罪の状態にあるとされていることである。すでに何度か指摘したが、「罪」は否定的な状態である。否定的でない状態になるべきである。それは、「罪」という用語との関連でいうならば、「義」になることである。とにかく、今のままではいけない、変わらねばならない、ということが理解される。すると「どうすればいいのか」ということが課題になる。しかし、こうした課題設定が根本的に誤りであることに、なかなか気づかない。「どうすればいいのか」という課題設定では、人間の側の自発的な変化によって、神の態度を変更できる、沈黙している神を自分たちの都合よく動かすことができるという考えが前提になっている。これは、「百円出せば、リンゴがもらえる」「人が義になれば、神は人を救う」という「契約」の考え方に、当初から前提になっていた立場である。ただ、比喩では「百円を出す」ということになっている部分が、実際にはどのようなことなのかが分からない。

こうした状態が長く続くと、いろいろと工夫する者たちが現れてくる。大多数の者たちは、おとなしく平凡な日常生活で満足している。社会的に非難されない程度にヤーヴェ崇拝を行い、神との関連で何が問題なのかに興味もなく、問題点も理解せずに、普通に暮らしている人たちである。

また、政治的独立を目論《もくろ》むという、昔からの方向は、根強く存在していた。「王国の復興」こそが「なすべきこと」とされている。

セレウコス朝シリアに対して、祭司たちの主導で戦うことになった「マカベア戦争」（「マカバイ戦争」ともいう。前一六六〜前一四二）と、その結果生じた「ハスモン王国」（前一六六〜前三七）の出来事。ローマの勢力が中東に及ぶ中での、ヘロデ（大王）の精力的な活動（前一世紀後半）。ローマの支配に対するユダヤ人たちのほぼ全員による「ユダヤ戦争」（後六六〜七〇［七三］）。これらが、「王国の復興」関連での、目立った出来事になっている。支配者になるという世俗的な野心と、神の前での「罪」を解消するという動機が、どの程度、また、どのように機能していたかは、いろいろだと思われるが、どれも、「罪の解消」の動機とまったく無縁ではない。

他方で、「神の前で何が正しいかを自分たちなりに決めてしまう、そして、それを実践する」という態度が、生じてくる。「エッセネ派」と呼ばれるグループの活動が、まず目立っている。

前二世紀、「マカベア戦争」が生じた。パレスチナがセレウコス朝シリアに支配されていた時、シリア当局がギリシア化政策を推し進めて、ユダヤ教を圧迫する。これに対して、祭司たちが指導者となって戦った戦争である。この結果、ユダヤ人たちの独立国である「ハスモン王国」が成立する。この時、ハスモン朝の指導者たちは、セレウコス朝や、エジプトのプトレマイオス朝に妥協的な政策で臨む。これを潔《いさぎよ》しとしない一部の祭司たちが、「荒野に引きこもって」（具体的には、死海のほとり）厳しい修行生活をすることになる。これが「エッセネ派」である。

修行をするということは、自分たちが神との関係において十分な状態にない（「罪」の状態である）とされていることを意味する。だから、特別な活動（「修行」）をすべきだということになる。「修行」をするとは、その特殊な活動が、神の前での義に結びつく、と判断されているということになる。修行は成就《じょうじゅ》されねばならないから、修行している間は、救いはまだ実現していない。救いが実現しているなら、修行を継続する意味がないからである。この「荒野のエッセネ派」は、元祭司たちが中心で、ユダヤ人社会のエリート層の動きである。

ところが、この「荒野のエッセネ派」の厳しさを緩めたような流れが、一般のユダヤ人たちの間に生じてくる。「町のエッセネ派」とでも言うべき流れである。しかし、「エッセネ派」というと、荒野で厳しい生活をしている修行者たちというイメージが強いので、ここでは、「町のエッセネ派」を「(町の) 緩やかな〈自己正当化〉主義者」と呼ぶことにする。

この「町の緩やかな〈自己正当化〉主義者」たちも、何か特別な生活をしなければならないと考えている。彼らは、一般のユダヤ人で、昼間は、他の普通のユダヤ人たちと一緒に仕事をしたりしなければならないので、「特別な生活」はできない。そこで、食事の時と寝る時に、「特別な態度」が集中する。彼らは、多くの場合、町の建物で集団生活をしている。広い部屋で、全員がいっせいに食事をする。食事の前に祈りをする。食事の間は、沈黙していなければならない。聖書を朗読する者がいて、それを聞きながら食事をすることもある。それから、寝る時には、床につく前に祈りをしなければならない。

食事の前の祈り、就寝の時の祈り、こうしたことが義務だという記述は聖書にはない。つまり、彼らが勝手に決めていることである。彼らの生活は、「荒野のエッセネ派」の厳しい生活と比べると、かなり妥協的である。どの程度のどんな妥協ならいいのかも、彼らが勝手に決めていることである。試行錯誤があれこれとあって、集団存続の上でもっとも有効だったやり方が残されてきたのだと思われる。「町の緩やかな〈自己正当化〉主義者」の、こうした生活態度、自分たちの都合であれこれと取り決める態度は、今の「ピューリタン」と言われているキリスト教の流れの者たちの生活態度に酷似している。

彼らの生活の大きな特徴は、「やらねばならないこと」「やってはならないこと」「どんな考えをもつべきか」が比較的分かりやすく、今で言うなら、高校生くらいの理解力で了解できるような程度のものである点である。さまざまな義務が、理解も実践も難しすぎては、多くの者を仲間にできない。単純な善悪の基準が準備されていて、「これでいいのだ」と思い込むことが彼らにとっての「救い」である。そして、彼らは、同じような生活をする仲間が増えることをたいへん喜ぶ。仲間が少なくなると、たいへん心細いようである。神との繋がりが重視されているようだが、実は、社会的勢力の大きさが彼らの安心や喜びの根拠である。

それから、セックス関連の喜びはかなり強烈に忌避《きひ》される。高校生くらいの年齢の「思春期」には、異性が気になるけれど異性を拒絶するという反応が現れるが、それに対応する態度である。セックスの現実が、強烈で複雑すぎて、単純な理解しかできない状態、未熟な状態では、対応しきれないためである。芸術についても、高度な表現については、ほぼ無感覚である。料理がまずいことも特徴のひとつだったと思われる。よい食材にめぐりあっても、悲しくなるような乱暴な調理しかなされない。こうした様子は、一九八七年に公開された『バベットの晩餐会《ばんさんかい》』という映画で、十九世紀後半の北欧での「ピューリタン的生活」の描写に、典型的に示されている。

修行者たちは、修行の厳しい生活が神の前で価値があると信じ込んでいる。「信じる」とは、理屈が通らなくても「正しい」と思い込むことである。「緩やかな〈自己正当化〉主義者」たちも、自分たちの生活スタイルが神の前で価値があると信じ込んでいる。実は彼らは、善悪の判断を自分たちで勝手に行っているという点で、根本のところで「神を拒否している」から、自己満足の態度が、神の前で決定的に不遜であることを顧慮《こりょ》しない。あるいは、顧慮できない。神を退けて、偉そうにして、満足している。信じているのだから、論破はできない。

「敬虔」では救われない

ところが、「律法」が、彼らの立場や行為が神の前で無意味であることを有効に示してくれることになる。「律法」（「トーラー」）は、法律なので、ユダヤ人全体を拘束する。日本の法律が、日本人全体を拘束するのと同様である。そして、「律法」は、普通の法律のように、社会の制御に資するという機能もあるが、それに加えて、「神の前で何が正しいか」を取り決めたものという面がある。

普通の法律の場合、法律のすべてをしっかりと理解する必要はない。そもそも、ある程度以上の規模の共同体の法律となると、たいへんに複雑なものになるので、そのすべてを理解するのは、専門家でも難しい。成人になるまでに、常識的な理解を身に着けて、あとは、必要に応じて、知らなかった掟を勉強したり、専門家に助けてもらったりすることになる。

しかし、「神の前で何が正しいか」を示した掟としては、いい加減な理解や、部分的理解では意味がない。そして、もちろん、すべての取り決めについて、完璧に遵守しなければならない。掟の全体についての完璧な理解と、掟の全体についての完璧な遵守が求められている。

「律法」の全体を完璧に理解し、完璧に遵守する、といったことは、明らかに実現不可能である。「律法」には、救いのための掟が記されている、ということになっている。しかし、「律法」の全体を完璧に理解し、完璧に遵守する、といったことは、誰もできないので、「律法」では救われる者は誰もいない、ということになる。

「荒野の修行者」「町の〈自己正当化〉主義者」、その他の「敬虔だから救われているとする〈自己正当化〉主義者」たちがいたとしよう。「律法」を用いて、彼らに次のようにアプローチすることになる。

「あなたは、ユダヤ人だ」。とすると、「〈律法〉を守らねばならない」。「〈律法〉は救いのための掟である」。「救われるためには、〈律法〉のすべてを完璧に理解し、〈律法〉のすべてを完璧に遵守しなければならない」。「そんなことは不可能であり、あなたも、実現できていない」。「したがって、あなたが勝手に〈救われている〉としているのは、誤りである」。

つまり、「律法」の圧力があるために、「自分勝手な思い込みからの〈自己正当化〉に意味はない」ということになる。実際、エッセネ派の「荒野の修行者」のような活動は、この時以降、ユダヤ教には生じていない。「敬虔主義的な〈自己正当化〉」は、ときどき小規模に盛り上がったりしているようだが、長続きしない。

あるいは、ユダヤ人の大多数の者には、価値が認められていない活動のあり方にとどまっている。黒づくめの服装で、エルサレムの「嘆きの壁」のところで、祈りらしき活動を行ったからといって、それで神が操縦されて、神にその者を救わせることができないのは、明らかである。念のために、「嘆きの壁」は、「第二神殿」が一世紀後半の「ユダヤ戦争」で破壊された時に、崩されずに残った外壁である。

逆に、ああした祈りの活動が、「なすべきこと」であるならば、ユダヤ人全体の人口に比して、嘆きの壁での祈りらしき活動を実践している者たちは、あまりに少ないのではないだろうか。ユダヤ教は、試行錯誤をしているけれど、学ぶことがあったら、過去の過ちに戻らない傾向が認められる。ユダヤ教に「修道院」（特別な生活・活動に高い意義があるとする組織・集団）がないことは、ユダヤ教におけるこうした「学び」の結果からの姿である。

キリスト教の新約聖書を見ると、福音書に「律法の重要な教えは何か。第一は〈神への愛〉、第二は〈隣人愛〉」といった場面が記されている。律法は、そのような要約で済まされるものではない。たとえば、日本の法律の重要な決まりは何か、第一は〈〇〇〉、第二は〈△△〉とされているようなものである。法律の実用面のことを考えただけでも、そんなことだけで、日本の法律を理解し遵守することにならないのは明らかである。「律法」（まずは「モーセ五書」の部分）は、「一字一句も変更できない」ということが特徴となる絶大な権威を帯びることになった。それは、ペルシアの権威が背後にあったから、ということを指摘した。しかし、これは第一段階である。

ペルシア帝国が滅んだ後は、「律法」の変更や廃止に、異教徒であるペルシア当局の承認が必要、という条件が消えたので、ユダヤ人の間だけで、「律法」をどのようにでも扱うことができた。しかし、「一字一句も変更できない」ところの「律法」の権威は、ますます堅固になる。それは、「神の前での〈自己正当化〉」をできなくするという、第二段階があったからである。これは、端的に言えば、「救われたつもりになっている者たちについて、救われてないと分からせる」ことである。

「神の前での〈自己正当化〉主義者」たちの「救われたつもりになっている」のは、誤りであって、しかも神を退け、神を否定しているから成り立つ考え方である。「神の前での罪」のことを、これまでかなり話題にしてきた。しかし、「神の前での義」が具体的に何かがはっきりしないのと同じように、「神の前での罪」とは具体的にどのようなことなのかもはっきりしない。その中で、「神を退ける」「神を否定する」「自分が勝手に神になる」

のは、数少ないはっきりした「神の前での罪」である。聖書（たとえば、「ヨブ記」の冒頭）では、悪魔でさえ、神を神と認めて、神と交渉したりしている。『ファウスト』のメフィストフェレスも、神と交渉している。神を否定するに至っていない。ある友人が、悪魔のくせに、悪が徹底していない、と感想を漏らしていた。悪の問題は複雑きわまりないので、私はこのような単純な判断はしないが、最初の思いつきとしては有効なところがある指摘かもしれない。

「敬虔」ということは、場合によっては、何やら良いことのような意味だと思われてしまっている雰囲気があるので、さらにもう一つ指摘しておく。「敬虔」とは、「分かっていないけれど、形だけきちんとやっている」という意味である。

いくらか以前のことである。テレビでのことなので、前世紀末あたりのことである。ニュースを見ていたら、ある著名人が亡くなったことが話題になった。その著名人の経歴などが紹介され、最後に「〇〇さんは、敬虔なクリスチャンでした」というコメントがなされた。これは私には、「彼は、分かっていないけれど、彼が属しているキリスト教の集団で〈良い〉とされることを形だけきちんとやっていた方でした」と言っているように聞こえる。「分かっていない」とは、実は「神を否定している」「神を退けている」「自分が神になっている」という深刻な立場になっているのに気づいていないという意味である。

ちなみに、森鷗外の短編小説「かのように」（一九一二年）で、「敬虔」という語が使われている。私風に言うなら「事実ではないが、社会的によいとされている態度」といった意味で使われていて、この用法は適切である。ただし、森鷗外の小説で主人公は、「敬虔」が社会的な価値しかないことを心得た上で敬虔な態度をとるとされている。敬虔主義者たちの「敬虔」は、「敬虔な態度」が神の否定になっていることに気づかず、自分たちは「正しい」「救われている」と本気で考えて（「信じて」）生活している。したがって、「神の前での〈自己正当化〉主義者」たちに、「神の否定」を回避させるという機能は、侮《あなど》ってはならない重要な機能である。しかし、繰り返し確認するが、「律法」は、救いのための掟となっているが、律法では救いは事実上実現しない、ということも確かである。人が「神の前で罪の状態にある」という事態は、未解決のまま持ち越されることになる。

「トーラー」をめぐる議論

この機会に、「律法」「トーラー」とは何か（範囲）について、簡単に確認する。
「トーラー」とされる権威あるテキストの量がどんどん増えてくる。最初は「モーセ五書」だけだったが、別の文書が加えられて、文書数が増えてくる。文書数の増大も、「トーラー」の内容変化ではないか、「一字一句も変更できない」という原則に外れる変化ではないかと思われなくないが、これは問題にならないようである。文書数の増大は、複雑で解釈不可能である度合が増えることであるから、歓迎すべきこととされているからと思われる。しかも、ここまでは「書かれたトーラー」のことばかり考えてきたが、これに並行して「口伝のトーラー」が成立してくる。

「トーラー」には、変遷がある。ヘブライ語聖書の全体の姿がだいたい出そろったころ、ちょうど前二〇〇年ころ、エジプトのアレクサンドリアで、「トーラー」のギリシア語訳聖書が作られる。七十二人（縁起のいい数である12の六倍）の学者に別々に翻訳作業を依頼して、出そろった七十二通りの翻訳文を調べてみると、すべてが一字一句に至るまで完全に同一だったという、神話的なエピソードが伝えられている翻訳で、これを「七十人訳聖書（セプテゥアギンタ）」と言う。

七十二人の翻訳者がいたのに、「七十人」となっているのは、半端な数を丸めたためである。聖書の翻訳は古代以来、無数に作られているが、翻訳版は、あくまで便宜的なもので、旧約聖書の部分については元のヘブライ語の聖書がホンモノだとされている。しかし、この「七十人訳聖書」は例外で、当時のギリシア語圏では、この「七十人訳聖書」が、正統なテキストだという扱いになった。聖書の翻訳史の中で、これは唯一の例外である。古代において聖書のギリシア語訳は、他にもいくつか作られているが、それらは、正典ではない。

そして、「七十人訳聖書」では、元のヘブライ語聖書にはない文書、最初からギリシア語で書かれた文書がいくつも正典として付け加えられた。それから、ヘブライ語版の聖書と「七十人訳聖書」に並行して対応しているはずのテキストが、かならずしもうまく対応していないことがある。このことには、注意すべきである。たとえば、のちのキリスト教の「新約聖書」の文書は、どれもギリシア語で書かれている。その文書の中で、旧約聖書の文書が引用されたりする。引用文が旧約聖書のどこにあるかが記されているので、ヘブライ語聖書の当該箇所を見てみるのだが、対応するテキストになっていない、という場合がある。これは、新約聖書の文書では、旧約聖書については「七十人訳聖書」に依拠しているからである。

ヘブライ語聖書と「七十人訳聖書」の相違でも明らかなように、ユダヤ教の聖書は、どの範囲のテキストが正式のものなのかという点ですでに、曖昧なところがあった。ところが、後一世紀末ころに、「ヘブライ語で書かれた三十九の文書からなる文書集をユダヤ教の正式の聖書とする」、という決定がなされた。この決定は、異論なく受け入れられている。そのころ、キリスト教の流れは、ユダヤ教の主流からの分裂が確定的になっていて、厳しい敵対が生じていた状態だったので、「三十九の文書からなる文書集を正式の聖書とする」というユダヤ教側の決定に従う必要はなかった。

後二世紀末ころに、「口伝のトーラー」が書き記されるという作業が行われる。そしてできたのが「ミシュナ」である。印刷した本にすると、旧約聖書の全体を本にしたのと同じような分量の分厚い本になる。この「ミシュナ」のテキストについて、歴代の偉い先生(ラビ)が解説を付すようになる。

そして「タルムード」が作られる。大判の頁《ページ》の中央に「ミシュナ」のテキストが記され、その周りに、いくつもの「歴代の偉い先生の解説」(「ゲマラ」)が配されている、という体裁である。

二つのタルムードが作られた。「エルサレム・タルムード」と「バビロニア・タルムード」である。「エルサレム・タルムード」は簡易版のようなもので、四世紀に成立した。「バビロニア・タルムード」は、長いテキストになっている。六世紀に完成した。「バビロ

タルムード

「ミシュナ」（口伝のトーラー）のテキスト。ヘブライ語で書かれている。

「ゲラマ」のテキスト。歴代の学者による解説・注釈がアラム語で書かれている。

◀「バビロニア・タルムード」

ニア・タルムード」は、製本したものは、昭和時代の世界大百科事典のような量で、本棚の一段では収まらないかもしれず、二段が必要かもしれないという量である。

「ミシュナ」の部分はヘブライ語、「ゲマラ」の部分はアラム語である。このアラム語は、時代や地方によりかなり異なるアラム語である。

「タルムード」の内容は、すんなりと理解できるようなものでなく、難解で、謎のような面が多い（と私には思われる）。禅の公案とよく比較される。「トラクト」（英：tractate）に分けられている。tractateは、treatiseのことなので、「論」と訳すべきかと思われる。「トラクト」の数は、六十あるいは六十三である。

「タルムード」の「ミシュナ」と「ゲマラ」のほんの一部分を、私なりに訳してみる。私なりの意訳と考えていただきたい。内容の雰囲気が実際的に少し分かると思う。「サバト（安息日）・トラクト」つまり「サバト論」の冒頭である。

【ミシュナ】

乞食が外に立ち、家の主人が内側にいる。

乞食は手を家の中に入れ（窓やドアを通じて）家の主人の手に何かを渡す、あるいは、家の主人の手から何かを取り出して引っ込める。この場合、乞食は有罪（移動の罪）であり、家の主人は無罪である。

もし家の主人が手を外に出し、乞食の手に何かを渡すか、乞食の手から何かを取り出して家の中に持ち込む場合、家の主人は有罪であり、乞食は無罪である。

もし乞食が手を家の中に伸ばし、主人がその手から何かを取り出すか、外に引っ張られる何かを入れる場合、彼らはともに自由（無罪）である。

もし家の主人が手を外に伸ばし、乞食がその手から何かを取り出すか、内側に引っ張られる何かを入れる場合、彼らはともに自由（無罪）である。

【ゲマラ】

私たちは教えられた。「安息日の移動行為は、二つであり、それぞれ四つである」。

ここでの教えは、なぜ、内側に二つ、それぞれ四つ、そして、外側に二つ、それぞれ四つ、と指定していて、そして、そのような指定はなされなかったのか。

ラビ・パパは言った。「ここでは扱う特別な対象は安息日であり、ミシュナは罪を含む場合と罪を含まない場合を列挙している。他方、そこでは扱う主要な対象は異な

り、罪を含む場合のみを挙げて、罪を含まない場合には触れていない」。（云々）

解説についての解説が必要だと思われるが、愚かなことを述べてしまわないために、控えさせていただきたい。一つだけ、役に立つかもしれないヒントがある。「ミシュナ」は、社会生活の心得を述べているようで、そうした表面的な意味もおろそかにすべきではない。しかし、実は、神と人のことを扱っていると考えると、テキストの本当の意義が認められてくるかもしれない。「乞食」が人、「主人」が神にあたる、と考えてみることになる。

「トーラー」とは何か、という議論がある。基本的には、四つの可能性がある、と言える。

第一。三部構成になっている「聖書」（「聖書」は通称でしかなく、正式には、「タナク」と言われる）の第一部であるいわゆる「モーセ五書」の部分。ちなみに、第二部は、「ネビイーム（預言者）」、第三部は「ケトビーム（諸書）」。「タナク」は、これら三つの部分のタイトルの頭文字をならべて作られた名称である。念のために、第二部のタイトルである「ネビイーム」は、日本語に訳すならば「預言者」である。「預言者」は人のことだが、これが、この「第二部」のタイトルになっていて、したがって、この場合の「預言者」は、書物（文書集）の題名、固有名詞、である。これに対して、預言者が著者である文書（本、Book）は、「預言書」と言われる。これは普通名詞である。イザヤという預言者が著者である「イザヤ書」は、一つの預言書である。ホセアという預言者が著者である「ホセア書」は、別の一つの預言書である。

第二。「聖書（タナク）」の全体。後一世紀末以降、「ヘブライ語で書かれた三十九の文書からなる文書集」。

第三。「聖書（タナク）」と「タルムード」。

第四。ユダヤ人の生活の全体の姿。

広い意味での「トーラー」は、第三の〈「聖書（タナク）」と「タルムード」〉と考えるのが、常識的で順当なところである。

今は、ユダヤ教において、いくらか勢いがある「敬虔主義」のグループが存在しているようである。普通とは違う服装をしたりしているので、インターネットの「ユダヤ教」の紹介のページなどで、彼らの写真が示されることが珍しくない。「律法」があるので、「敬虔主義」にはなれないと議論したが、彼らは、特別な学校を作って、集中的に「律法」を勉強しているようである。「タルムード」を一日一頁ずつ読んで、全部を読むのに七年以上かかるというような記事を目にしたことがある。では、七年かければ「タルムード」の全部が完璧に分かるのか、と問うてみるべきである。「タルムード」にかなり親しむことになるのは確かである。しかし、七年かけても、極端には、一頁も理解できていない、という具合になっているかと思われる。そういえば、「タルムード」を、あるいは、「トーラー」を、すべて理解しているとする者は名乗り出ていないようである。「トーラー」の壁は侮られるべきではない。

また、ユダヤ人は、聖書や「タルムード」を引用することがほとんどない。これは、顕著な特徴である。全体が分かっていないと部分も分からないのだから、たいへん誠実な態度である。これに対して、キリスト教では、聖書をさかんに引用している。部分しか分からなくても、また、解釈が実は不適切であるかもしれなくても、どんどん聖書を引用する。自分たちの立場が正当化できそうなら、「聖書に書いてある」と言えば、多くの人が黙るので、構わず引用して、偉そうな立場に立てるからだと思われる。

こうしたキリスト教的態度は、本書でのこれまでの検討では、ペルシア期のネヘミアの態度として指摘したものとよく似ている。こうした態度を封じ込めるために、エズラによる「トーラー編纂」が行われたと考えた。

キリスト教の新約聖書では、福音書に「律法の重要な教えは何か。第一は〈神への愛〉、第二は〈隣人愛〉」といった場面が記されていることを、少し前に指摘した。神そのものを否定し、退けて、でも「神」関連で使えそうな要素（神の権威を背景にできそうな要素、など）は、有効に使えるので、どんどん使うのに似ている。「救いの手段としての律法」は、すべてを理解し、すべてを完全に実践しなければ意味がないのに、二つくらいの点を押さえれば、「律法が理解できている」「律法を遵守している」という体裁になったようにしている。何をするのが「義」なのかを、自分たちの都合で、お手軽に決められるとする、自己満足的・自己正当化的な立場があるから生じてくる態度である。

この点は、分かりにくいと思われる向きもあるかもしれないので、もう少し解説を試みる。新約聖書の「ルカ福音書一〇章」に、「サマリア人のたとえ」というような小タイトルになるようなエピソードがある。

律法学者が、イエスに質問をする。「何をしたら、永遠の命を受け継ぐことができるか」という質問である。「何をしたら、救われるか」ということである。

イエスが反問する。「律法には何が書かれているか。あなたはそれをどう読むか」。

そこで、律法学者は、〈神への愛〉、〈隣人愛〉の二点を指摘する。

これに対してイエスは、言った。「あなた、律法の専門家だろ。律法全体がたった二点に要約できるはずがないだろ。律法全体が、救いのための手段であって、その全体を理解して実践すべきなのは、律法についての基本的理解の大前提である。あなたが言うところのお手軽理解の二点で済むなら、律法にはその二点だけ記されているはずだろ。律法をバカにしないでいただきたい。律法の学校へ行きなおしだね。ゼロから勉強しなおさねばならない」。

〈これに対してイエスは、言った〉以下の「あなた……ない」は、福音書のテキストにはない。福音書のテキストは、ここで次のようになっている。

イエスは言った。「正しい答えだ。それを実行しろ。そうすれば命が得られる」。

律法全体を不当に軽視して、たった二点に要約できる、それで救いの実現ができる、とされている。この二点が「正しい答え」ならば、あとは、この二点だけを尊重することになるはずである。ところが、自信がないのだろう。キリスト教は、聖書のあちこちから、使えそうな「聖句」を引用して、あらゆる機会に自己正当化のために利用している。

何が正しいのかを、自分たち（人間）が選べるとしているから、生じている態度である。「トーラー」を要約できるとすること自体が、すでに「トーラー」を裏切っていることになる。

念のためにひとこと。ユダヤ教にあまり本格的に取り組まない者たちが、ユダヤ教の思想家ということになると、マルティン・ブーバー（Martin Buber 一八七八〜一九六五）の名前を出して、それで「私はユダヤ教が分かっている」という態度になって得意になるということに頻繁に出会う。日本では『著作集』全十巻が出版されているようである。

ブーバーは、「ユダヤ教の敬虔主義者」「ユダヤ教のピューリタン」である。つまり、自分に都合のよい思想的断片をユダヤ教の伝統から集めてきて、それで一応の立派な議論を組み立てて、それが「ユダヤ教の真の立場」だと主張する者である。

ユダヤ教には、これまで述べてきたように「膨大な律法」の圧力があるので、「私は分かっている」と主張する者は珍しい。そして、量的な観点からだけでも、ユダヤ教の全体を理解することは不可能なはずなのに、「ユダヤ教が分かっている」と自己主張することは、ユダヤ教のあり方を根本的に裏切る立場である。

そして、ユダヤ教の外部にいる「ユダヤ教研究者」で生半可な者、認識が甘い、知識が十分に自分のものになっていない者は、「ユダヤ教は分からない」と認めたくないので、ブーバーに注目して、ブーバーの一人よがりで、不当な単純化の立場を、ユダヤ教そのものの理解になっているかのように紹介したりする。ユダヤ教を紹介し解説する書物などで、ブーバーを高く評価する類のものは、浅薄であると判断して然るべきである。

一方で、「トーラー」には、安堵できる面もある。救いのためには「トーラー」を理解しなければならない、ということになっている。そこで「トーラー」の勉強を始めてみる。真面目に勉強しても、全体は理解できず、そのうちに老いて、死んでしまう。

しかし、「トーラー」は、少し勉強すれば、これは一生かけてもすべてを理解できない、ということが容易に分かる。部分的な理解は神の前では意味がないということになっているので、「トーラー」の勉強を安心して中断できる。別の分野での能力や才能があれば、それを開花させることに専念できる。現在の全世界のユダヤ人の人口は千四百万人ほどと

マックス・ウェーバー『タルムーディスト』(ユダヤ博物館蔵)。律法の研究に生涯を費やしても、結論に至らない人々の様子が如実に描かれている。マックス・ウェーバー(1881〜1961)はユダヤ系アメリカ人の画家で、有名なドイツの社会学者、政治学者マックス・ウェーバー(1864〜1920)は同姓同名の別人。

のことである。この総人口に対して、さまざまな分野で活躍しているユダヤ人の割合がかなり高いと思われる。これは、「トーラー」の圧力の副産物のひとつと考えてもいいかもしれない。

〈4〉「律法主義」への収斂［一世紀末］

洗礼者ヨハネの洗礼でも神は動かない

第四の局面は、後一世紀末における「律法主義」への収斂《しゅうれん》までのプロセスである。

神の沈黙を前にして、「どうすればいいのか」について自分たちには答えがあると勝手に決めてしまう流れは、律法の要求を満たすことは誰にもできないという対症療法的なアプローチで退けることができた。しかし、「どうすればいいのか」と人々が考えてしまうことは、なかなか消え去らない。厳しい修行や安易な敬虔主義ではダメだということになると、律法を守らなくても（律法が守れなくても）救いが実現する手立てがないかを捜しはじめる。

私たちにいくらかでも知られている範囲では、「洗礼者ヨハネ」の活動が、まず目立っている。洗礼者ヨハネは、荒野にいて、修行者風の生活をしている。しかし、彼のところに集まる人々には、同じような修行生活をしろと命じるのでなく、「洗礼」という一回きりの儀式を行う。

安易な敬虔主義が、特に食事と就寝を巡って特別な行為に価値があるとして、その行為を継続して行うことに意味があるとしているのに対して、一回きりの行為（儀式）で救いが実現されているとされている。

敬虔な行為の継続の場合は、その行為が続けられねばならないとされていること自体において、救いがいつまでも未完成であることが確認されてしまっていて、ユダヤ人たちにとっての救いは、律法全体の完全な理解と遵守が必要条件になっているという議論を退けきれない。しかし、一回の儀式で救いが完全に実現しているなら、救いの実現のための他の条件（具体的には、特に、律法に関連した条件）を無視することができる。救いが実現されているのだから、救いの実現のための律法の効用がどうかといったことは、もはや無用である。

このように「律法を無視することができる」という枠組みが考えられたことは、新しいことである。しかし、洗礼を受けてみても、元のユダヤ人社会での生活は同じように続くし、自分の生活や存在のその他の状態も、以前と何も変わらないと気づかざるをえない。洗礼で救いが実現するとされているが、救いが実現されている現実がない、救いは実は実現されていないのではないか、ということになってしまう。

洗礼者ヨハネの洗礼も、一回きりの極めて簡単な行為に規模が縮小されているが、「人間の側の行為で神を動かすことができる」という前提での「自己正当化」の立場であることに変わりがない。洗礼者ヨハネの働きかけは、当初はそれなりの反響があったようだが、彼の立場の威信は、急速に縮小した。

神の介入があって行動したのはイエスだけ?

次に登場するのは、イエスの活動である。イエスの活動は、キリスト教の発端なので、次章でいくらか具体的に検討する。

ここで簡単に述べるならば、イエスの意義は、神からの実質的で好意的な介入がイエスに生じたとされているところにある。きわめて小規模で、個人単位ではあるが、神が沈黙したままでなく、神が積極的に動いたのである。神の自発的な働きによって、神との生き生きした肯定的な関係が実現したのだから、救いが実現したのである。律法などは、もちろん、もはや無用である。

イエスはこの後、社会に対してかなり積極的な働きかけを行うので、イエスに神が働いたということを我々も知ることができる。しかし、個人規模での神の介入は、実は、他にもいくらかは生じていたのではないか、と考えてよいかもしれない。

普通の人間で、普通の生活をしていたのに、ある時から神の介入が自分に生じて、そのことが自分にも分かったとしよう。本人にとっては、素晴らしいことである。しかし、これは神が行ったことであって、選ばれた当人は、他の人について、何ができるのでもない。他の人や社会については、どうしようもないのである。

変に騒ぐと、歓迎されるどころか、嫉妬《しっと》の犠牲にされたりする。「神学的嫉妬（invidia theologica）」と言うべきものがある、と確認できたりする。きわめて熾烈《しれつ》で、奥深い。通路ですれ違うくらいがせいぜい、それ以上に何の付き合いもないような者が、ある時から、深く大きな憎しみのこもった目でこちらを見つめる。黒色と黄色の炎が、目の奥で、メラメラと燃えているように思われる。神に選ばれた者が、イエス以外にも若干はいたとしても、その者たちは、黙って、表面的には普通の生活を続けるだけなのが、順当な対応なのではないだろうか。

しかしイエスは、社会的にかなり目立った活動を繰り広げた。イエスの活動は、のちに「キリスト教」という大規模な宗教運動へと展開する。しかし、結論的に言うならば、キリスト教の運動は、「神の沈黙」というユダヤ教の根本問題の解決になっていない。「キリスト教」は、ユダヤ教の改革に端を発した動きだが、ユダヤ教主流は、キリスト教が進んでいく立場に追随するのでなく、キリスト教と厳しく対立するようになる。

人間の努力では救いは実現できない

「王国の復興」こそが「なすべきこと」とする昔からの立場は、根強く存在し続ける。

前二世紀および前一世紀の出来事として、「マカベア戦争」（前一六六～前一四二）と、「ハスモン王国」（前一六六～前三七）、ヘロデ（大王）の勢力的な活動（前一世紀後半）が目立っている。後一世紀後半には、「ユダヤ戦争」（後六六～七〇〔七三〕）が生じた。ローマの支配に対するユダヤ人たちのほぼ全員による戦いであるが、ユダヤ人側の敗北に終わった。さらに、後二世紀前半には、「バル・コクバの乱」（一三二～一三六、「第二次ユダヤ戦争」とも言う）が生じた。ローマの支配に対するこの戦いも、ユダヤ人側の敗北に終わった。

これ以降、独立を目指す本格的な戦いは起こらないまま、現代にいたることになる。「ユダヤ戦争」（第一次）の敗北が、何といっても決定的だった。エルサレムは破壊され、第二神殿も破壊される。軍事的指導者であるような者たちは、退けられる。神殿が破壊されて、祭司階級も威信を失う。残った者たちで、戦後の立て直しの指導者たり得たのは、ラビ（先生、特にシナゴーグの先生）であり、彼らは律法を学んだ者たちで、律法主義者だった。

ヨハナン・ベン・ザッカイというラビが中心になって、ヤムニアというパレスチナの小さな村でラビたちが集まって、戦後の重要な課題として、「トーラー（聖書）」の正典を整備する作業を行った。この集まりは「ヤムニア会議」と言われている。「会議」ということになっているけれども、「戦後処理対策検討実行委員会」のような集まりであって、さまざまな対策について検討・指導を行った集団と考えると、イメージしやすいと思われる。

そして「ヘブライ語で書かれた三十九の文書を正典とする」という決定がなされた。後一世紀末近くのことである。「ヤムニア会議」の集団にこのような決定をする権限があるのか、といった点など、この決定にはさまざまな問題を指摘できそうだが、ギリシア語圏も含めて、この決定は反対もなく受け入れられたようである。ローマに完敗して、ユダヤ人の間で分裂している場合でなかったということがあったと考えられる。

「(ユダヤ教の) 聖書」つまり「トーラー」の正典の範囲を定めたこの決定は、ヘブライ語聖書にならんで正典であるように扱われていた「七十人訳聖書」の権威を完全に退けたことを意味している。単に「神の言葉」であるだけでなく、「一字一句も変更できない」という性質が加わったこの上なく高い価値の文書集が「正典 (カノン)」である。単なる「貴重な宗教書」といった意味の「聖典」と区別されねばならない。

振り返ってみるならば、「モーセ五書」からなる「トーラー」すなわち「律法」がアケメネス朝ペルシア当局に提出されて以来、「正典」が存在するかのように時が過ぎていたが、何が正典を構成するかについての正式決定は、後一世紀末近くの「ヤムニア会議」での決定まで一度もなされてこなかった。だから、「モーセ五書」に別の文書が加わって、聖書が長大なものになったり、「七十人訳聖書」が事実上「正典」とされるようになり、そこに最初からギリシア語で書かれた文書が加わるといったことも生じてきた。

しかし、後一世紀末近くの「三十九の文書」についての決定は、確固としたものになって、今に及んでいる。「律法」の権威を確固たるものにした、ということは、「神の沈黙」

の状況が変化しないということを前提にしている。

そして、繰り返しになるが、救いの実現に何が必要かがこの「律法」に記されている。しかし、神の前で「律法」の全体を完璧に理解し、それを完璧に遵守されることが、必要である。

これは、事実上、人間の努力では救いは実現しないということの確認になっている。しかも、「律法」つまり「トーラー」には、「タルムード」も加わって、救いの実現の不可能性は、ますます確実になる。

こうして成立した「ユダヤ教」は、神が不在で、人間の努力では救いが実現できない宗教である。反発を覚える向きもあるかもしれないが、人間の可能性をぎりぎりのところまで詰めた誠実な結果だと評価できる。神でないものを神としたり、分かるはずのないことについて分かっていると主張する立場には価値がないというメッセージを伝えようとしていると思われる。

「ヘブライ語で書かれた三十九の文書」についての整理をしておく。

この「聖書」は、ヘブライ語で書かれている（ただし一部分はアラム語で書かれている。エ

第一部 トーラー【律法】	
	創世記 / 出エジプト記 / レビ記 / 民数記 / 申命記 《「(モーセ) 五書」、Pentateuch》
第二部 ネビイーム【預言者】	
前編	ヨシュア記 / 士師記 / サムエル記（上下）/ 列王記（上下）
後編	三大預言書 イザヤ書 / エレミヤ書 / エゼキエル書 十二小預言書 ホセア書 / ヨエル書 / アモス書 / オバデヤ書 / ヨナ書 / ミカ書 / ナホム書 / ハバクク書 / ゼファニヤ書 / ハガイ書 / ゼカリヤ書 / マラキ書
第三部 ケトゥビーム【諸書】	
	詩編 / 箴言 / ヨブ記 / 雅歌 / ルツ記 / 哀歌 / コヘレトの言葉（伝道の書）/ エステル記 / ダニエル書 / エズラ記 / ネヘミヤ記 / 歴代誌（上下）

ユダヤ教のヘブライ語聖書（律法と預言者と諸書）

ズラ記四章八節〜六章一八節、七章一二〜二六節、ダニエル書二章四節b〜七章二八節、エレミア書一〇、一一章の一部、創世記三一、四七章の一部）。

「ユダヤ教のヘブライ語聖書」というように「聖書」と呼んでいるが、「聖書」はあくまで通称である。正式には、「トーラー・ネビイーム・ヴ・ケトゥビーム」という。「律法と預言者と諸書」という意味である。その略語が「タナク」（TaNak）である。あるいは、広い意味の「トーラー」である。「三部構成」で、「三十九文書」で構成されている。

第3章 キリスト教の成立

〈1〉 神に選ばれたイエス

イエスの意義

イエスの活動の意義について考察する。イエスは、後一世紀前半に、パレスチナで生活する普通の一般ユダヤ人だった。ところが、社会で目立った活動を始める。当時のユダヤ教の根本問題だった「神の沈黙」に関係する活動だった。

当時のユダヤ教の状態を示した図1「イエス当時のユダヤ教、〈神の沈黙〉」を見ていただきたい。全人類が、大きな四角である。二つに分けられる。「ユダヤ人」「非ユダヤ人」である。「神」は、ユダヤ人の神であるところの「ヤーヴェ」である。この「神」は、ユダヤ人にだけ関わる。

しかし、この「神」と「ユダヤ人」との間には、実質的な関係がなく、断絶している。

神は沈黙している。神は動かない。このような状態になったのは、ユダヤ人が「罪」の状態にあるからだとされている。しかし、この説明は、ユダヤ人たちが勝手に思いついたもので、実は誤りである。「人が〈罪〉だから神が動かない」のならば、神は人が操縦できる僕《しもべ》になってしまうからである。

いずれにしても、ユダヤ人たちは、「どうすればいいのか」という間違った認識から、さまざまな試みを行ってきた。「どうすればいいのか」が間違っているのは、「人が何かすれば、それに応じて神を動かすことができる」という考えになっていて、ここでも、神が、人によって操縦できる僕になっているからである。

イエスは、この「どうすればいいのか」の類の試みを行っていた。少なくとも「洗礼者ヨハネ」が宣伝した「洗礼」（「洗礼」を受ければ救われる）を、他の多くの者たちと同様に受けたようである。ところが、イエスについてだけ、神からの直接

図1 イエス当時のユダヤ教、〈神の沈黙〉

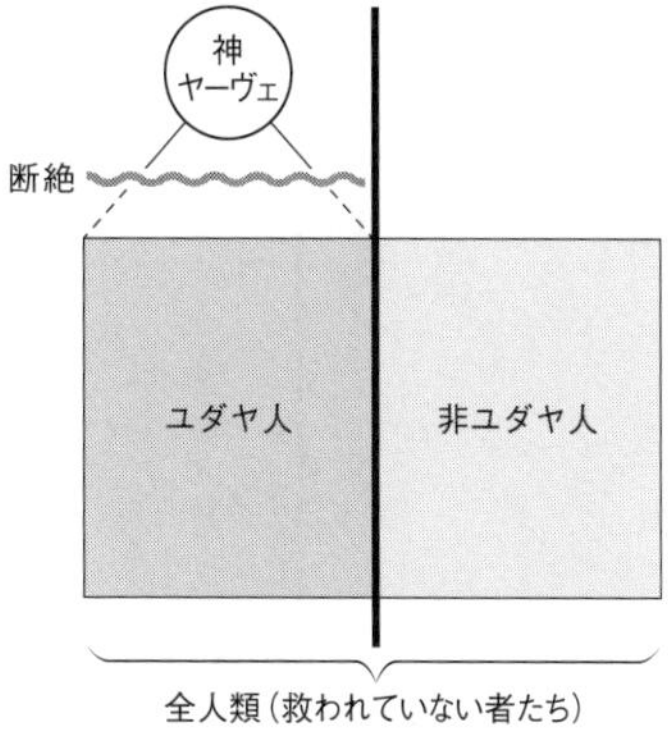

図2 イエスだけが神に選ばれる

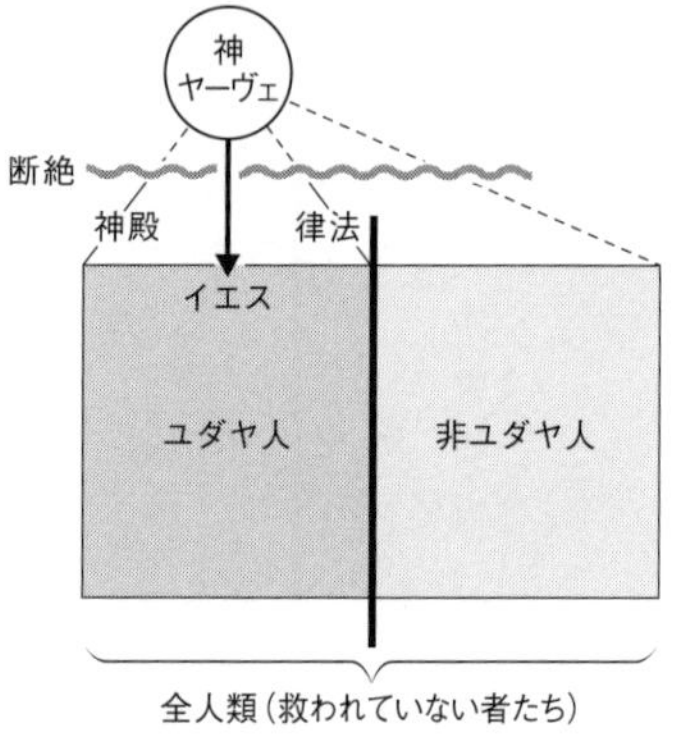

の介入があって、神とイエスとの間に実質的で生き生きした関係が生じる。このことについては、イエスに神から霊が与えられ、神によってイエスが「神の子」とされる、といった表現が用いられたりしている。これはイエスだけに生じた出来事である。図2「イエスだけが神に選ばれる」は、この様子を示している。

他の者たちは、相変わらず「神との断絶」の状態にある。イエスは、「神との断絶」の状態にない。イエスは神と共にあるのだから、断絶の溝の神側に移っているとすべきである。図3「イエスだけ神の側に移る」は、この様子を示している。当初は、神の側には、神しかいなかった。ところが、神からの介入によって、神の側には、神とイエスがいることになった。イエスについては、「神との断絶」の問題は解消した。

長い間、「神の沈黙」が続き、私の図の表現では、神の側には神しかいない、という状態が続いていた。神の側にいる人は、〇《ゼロ》人だった。ところが、イエスが神に選ばれて、神の側には、神だけでなく、イエスという人も共にいることになった。

これが「イエスの意義」である。神の一方的な介入によって「神との断絶」の問題が解消する、ということを、実例をもって示したことである。「イエスの意義」という表現は、不適切かもしれない。イエスに何かメリットがあって、そのせいでイエスが選ばれたかのような感じがしてしまう。そうではない。イエスは、他の人たちと同等で、彼には特別なメリットはない。いわば、イエスでなくてもよい、誰でもよかったのだが、誰かでなくてはならず、それがイエスだったに過ぎない。イエスはもともと普通の人でしかなかったし、特別なことは何もしていない。なのに、「神の救い」が彼においてだけ生じた。「私にも分からないんです。なぜ、こんなことが私に限って起こったか。でも、起こった事実は、事実です」、こんな感想になるところである。

図3 イエスだけ神の側に移る

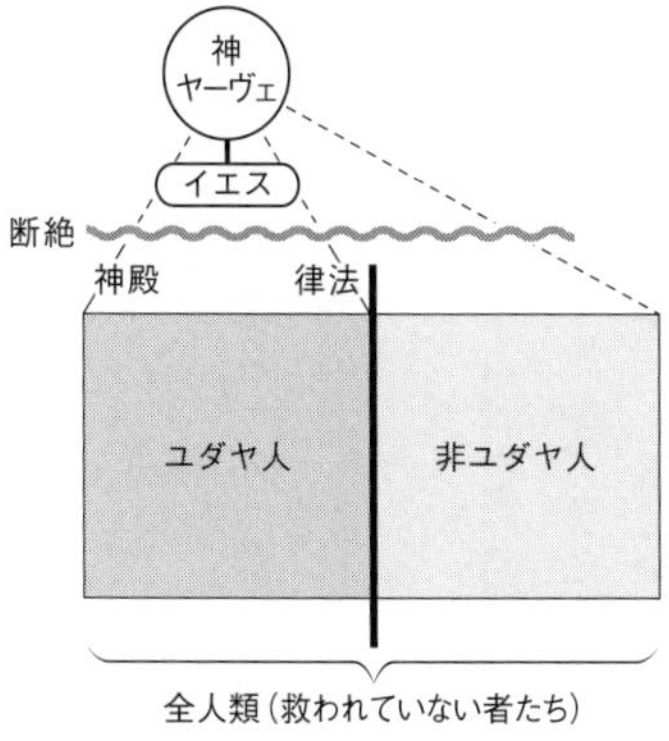

神が動きはじめて生じた状況

前章の末尾近くで、イエスのように神によって救われた者は、他にもいたかもしれない、と考察した。とすると、神の側の人は、イエスだけでなく、他にもいたのかもしれない。いずれにしても、大多数の人は、神とは断絶したままである。神は動き出したのだから、心優しき人間の思いとしては、他の人もどんどん救われるのが望ましいと思ってしまう。

しかし、これは人間の側の勝手な希望的思いである。救いの業ができるのは、神のみである。神がどうするか、また沈黙するのか、これを皮切りに救いの業を拡大するのか、これは神に任せるしかない。このために、救われた者たちは、黙って、表面的には普通の生活を続けることになっていると思われる。

それから、重要なことがもう一点ある。誰が救われるかを決めるのは神である。その際に、ユダヤ人と非ユダヤ人の区別はもはや意味をもたない、という点である。ユダヤ教の伝統では、非ユダヤ人が救われることは、まったくの問題外だった。救いの実現があったとしても、それはユダヤ人に限られたことだった。しかし、神が実際に非ユダヤ人をひとりでも救えば、こんな思い込みは崩れてしまう。

こうしたこと（「イエス以外にも救われる者がいる」「ユダヤ人・非ユダヤ人の区別は意味がない」）を考慮に入れて書き直したのが、図4「神が動きはじめて生じた状況」である。神は完全に沈黙するのではなく、若干の人々を救うという業をはじめた。もしイエスが、他の「救われた人々」と同様に、表面的には普通の生活を続けるだけ、という態度だったら、この神の変化は、知られずに終わってしまったかもしれない。

図4 神が動きはじめて生じた状況

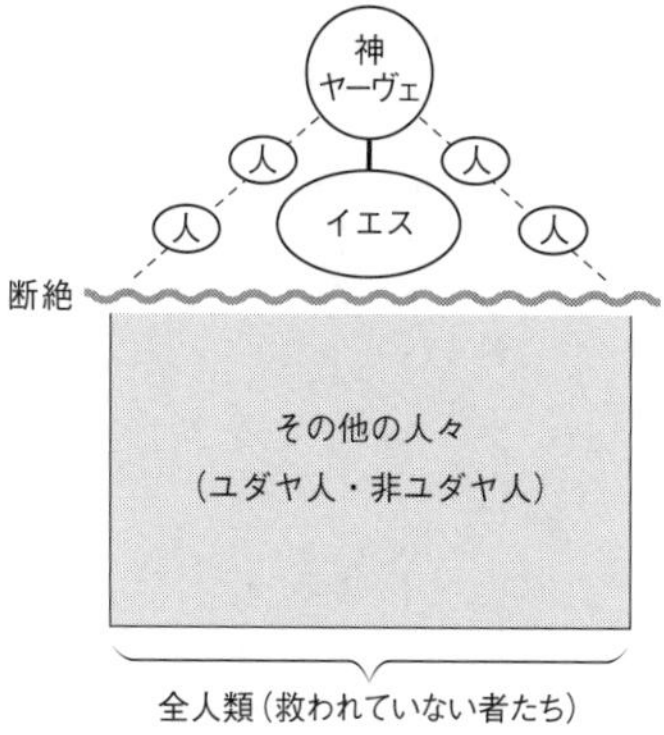

しかし、イエスは、かなり積極的に社会に働きかけた。とはいえ、イエスの活動は、この神の動きがあったことを言葉で述べることと、いくらかの小規模な奇跡が起こせることだけだった。これらだけでは、イエスが神と繋がっていることを認めるきっかけにすることもできたが、イエスは実は神と繋がっていないと考えてしまうこともできるものだった。

神の救いの業の存在は、証明できない。愛が証明できないのに似ている。もし神が、救いの業を大規模に実行して、多くの人々を救う、あるいは、思い切って全人類を救うという業を行うならば、言葉と行為（奇跡）によって情報伝達をするといった不十分な作業は、なくもがなになる。つまり、なくてもいい活動になる。神は神なのだから、全面介入といったことくらいはできそうな気もするが、神はそのようには動かなかったし、今のところまで、そのようにはなっていない。

すると、先に見た最後の図4「神が動きはじめて生じた状況」が、基本的にこのままで継続することになる。まだ「救われていない」側にいる者たちは、神がいつか動いて、自分を救いの側に迎え入れてくれるのを待つしかない。

キリスト教の成立——神なしの領域での宗教ビジネス者たち

ところが、「救われていない者たち」の領域で、驚くべきことが起こりはじめる。「どうすれば救いに与《あずか》ることができるかを私は知っている、私の指導に従いなさい」、といった類のメッセージを述べて、自分に従う集団を作って、その指導者になろうとする者が現れてくる。この「指導者」は、個人の場合もあるし、グループになっている場合もある。

救いの実現のために人間がなすべき有効なことは存在しない。そもそも、どんなものであっても、人間がなすことで神を動かせるとすることは、神を僕《しもべ》にしていることだ、といったことを、ユダヤ教について検討する中で、指摘してきた。ユダヤ教において克服されたはずのこうしたアプローチが、イエスの出現以降の流れの中で、平然と登場しはじめたのである。「なすべきこと」「実行したら救いに有効なこと」など何も存在しない。なのに、なすべきことがある、それが何かを具体的に知っている、と主張しているのだから、彼らの主張は、どれも空約束のようなものである。存在しない金儲けのチャンスの話をして、人からお金を巻き上げるのに似ている。

ユダヤ教では、こうした誘惑があっても、ユダヤ人には救いの手段として「律法」が課されている。すべてのユダヤ人について、「律法」の全体を学んで遵守すべきだ、という対症療法的手段があって、決定的誤りに陥るのを防ぐことができた。

したがって、「実行したら救いに有効なことはこれだ」と宣言して、指導者としての地位に収まり、彼らの指導の価値を信じ込む者たちを配下にする、ということを企てる者たち、「神なしの領域での宗教ビジネス人間たち」、彼らにとって、「律法」の権威を退けることは、絶対に必要な条件である。「律法」の権威をそのまま認めてしまうと、簡単な「行動」や「指導者や団体への忠実さ」に救いを招く価値があるとする主張の価値が消滅してしまうからである。

この観点からは、イエスが、律法の理解や実行を介せずに、神によって直接に救われたという立場から社会に働きかけていたことは、好都合だった。「律法なし」で、救いがあり得る、という議論を容易に展開できた。

ただし、イエスの場合には、神からの直接の救いの介入があるだろうということが控えていたから、「律法なし」の立場になっていた。これに対して、「宗教ビジネス人間たち」が活動する領域は、「神からの直接の救いの介入がない領域」である。「救われていない」「何らかの態度変更がなければならない」「それが何なのかを、自分は知っている」「それは比較的簡単なことで、自分が管理運営する組織のメンバーになり、さらに簡単ないくつかの義務を実行するだけである」、こうした筋道で、人集めを進めねばならない。これは「神の前での、勝手な〈自己正当化〉」への導きであり、神を退け、自分たちが神になって善悪の判断をしている立場である。ユダヤ教ではすでに克服された立場が、ここで再び採用されている。「〈自己正当化〉ができること」「自分が神になってしまうこと」が、人間の全体性を考慮しない、あるいは、考慮できない者たちには、きわめて大きな魅力になり得るからである。

こうして見ると、「神なしの領域での宗教ビジネス人間たち」の企ては、ユダヤ教における「〈自己正当化〉主義者」の流れから出ていると言えそうである。荒野の修行者たちである「エッセネ派」は、厳しい修行で「自己正当化」が実現できると考えた。「町の緩やかな〈自己正当化〉主義者」も、お手軽な活動を実践することで、「自己正当化」を実現しようとした。しかし、ユダヤ教の主流では、「自分が神になる」ということを意味するこうした流れは、「律法」の権威を強めることによって、排除された。ところが、「自己正当化」「自己神格化」の追求を捨てきれない者がいた。洗礼者ヨハネやイエスの活動には、「律法なし」の領域があることが垣間見えていた。この領域は、「神を退ける」ことで参入できる領域、結局は破滅に繋がる領域なのだが、それでも、「自己正当化」「自己神格化」を選ぼうとする者は少なくなかった。それに目をつけたのが、「神なしの領域での宗教ビジネス人間たち」である。このような流れになっていたと考えられる。

イエスはキリストで、主でもある

ユダヤ教の伝統的な神であるヤーヴェが完全に無視されているのではないが、すでに処刑されていなくなったイエスに、神に匹敵するような権威、場合によっては、ヤーヴェの権威を上回るような権威があるとされることは、「律法」の権威を認められない「宗教ビジネス人間たち」にとって、きわめて好都合で、イエス崇拝の立場が、彼らによってこぞって採用される。神ヤーヴェだけに神の権威を認めてしまうと、神ヤーヴェは、「律法」を与えたということを認めなければならなくなる。イエスが神同然ならば、「律法」をイエスが与えたのでないことは明らかなので、「律法」の権威をうまく無視できる。このために、イエスの価値を高める議論が、あれこれと出現する。

イエスの価値を高める議論のうちで、もっとも成功していて、有名になっているのは、イエスを「頭に油を注がれた者」と同定する努力である。「頭に油を注がれた者」とは、ダビデ王朝時代の王の称号の一つであり、ヘブライ語では「メシア」、ギリシア語では「キリスト（ギリシア語の発音にもっと忠実になるように言うなら〈クリストス〉）」である。

ダビデ王朝の王は、即位式の時に、「頭に油を注がれる」という儀式をなされねばならない。そして、「王」になる。その「王」は「神の子」とされる。この称号を、イエスに勝手にあてはめて、機会あるごとに、「イエスはキリストだ」という類の宣言をする。

たいていの者は、「キリスト」が、昔のユダヤ人の王朝で、王の権威を高めるために工夫された政治的称号だということを知らない。「頭に油を注がれた者」という意味だという言葉面の意味が分かったにしても、何やら謎めいた名称である。しかし、「イエスは偉いのだ、価値が高いのだ」とするような文脈で繰り返し述べられるので、何やら神秘的で、この上なく高い価値の者だとされていることが感じられる。

イエスは、「神同然」の存在になり、「救いを実現するのは、このイエスだ」ということが定着する。イエスの高い価値を執拗《しつよう》に主張することで、神ヤーヴェのことはほとんど無視していいような雰囲気が作り出される。現代でも、「メシア」「キリスト」について、「救世主」といった訳語を記して平気でいる辞書が存在したりしているが、この「宗教ビジネス人間たち」の宣伝工作にうまく乗せられてしまっている結果である。

もう一つ、イエスの神格化の企てとして大きな成功を収めているのは、イエスを「主」とする社会宣伝である。「主」はヘブライ語の「アドナイ」、ギリシア語の「キュリオス」の翻訳で、ユダヤ教の聖書では、神ヤーヴェのことである。

ヘブライ語聖書を朗読する際に、「ヤーヴェ」という名をそのまま発音するのは恐れ多いということになって、聖書のヘブライ語テキストで「ヤーヴェ」と記されていると、そこは「アドナイ」と発音するようにと示す工夫をし、「アドナイ」（つまり「主」）と発音するようにしていた。ギリシア語の「七十人訳聖書」では、これを「主」を意味する「キュリオス」というギリシア語単語で置き換えて、文章を綴っていた。「主イエス」「主イエス・キリスト」という表現は、「神である主イエス」「神である主イエス・キリスト」という意味である。つまり神ヤーヴェのことは放っておいて、「神」であるのは「イエス」「イエス・キリスト」だという立場を強制する巧みな手段になっている。つまり「主イエス」「主イエス・キリスト」という表現は、神を退け、神を否定するから成り立っている表現である。

〈2〉 さまざまな教会のさまざまな教え

キリスト教の本質

「律法の無視」「イエスの神格化」といった点は、宗教ビジネス人間たちの立場に共通して認められる。しかし、実際の指導のその他の点、「なすべきこと」の内容は、多様である。「なすべきこと」はそもそも存在しないのだから、「なすべきこと」は、指導者によって、千差万別になる。この様子を図にしたのが、図5「キリスト教の基本構造」である。

さまざまな「教え」を、さまざまな形で表現した。「丸型」の教え、「三角型」の教え、「六角型」の教え、「五角形型」の教え、「四角型」の教え、等々である。すると、それぞれの「型」に対応した、従属集団が作られる。それぞれの集団で、自分たちの「型」が「正しい」と信じ込んでいる。互いに対立し、戦争になることもある。

本書の第1章で、キリスト教には、無数の宗派・分派がある、と述べた。それらの宗派・分派は、互いに異なっている。こうした姿になるのは、そもそも存在しない「なすべきこと」を、指導者になりたい者たちが、人集めに有効になるように、つまり宗教集団を効率よく作れるように、それぞれに工夫するからである。

図5 キリスト教の基本構造

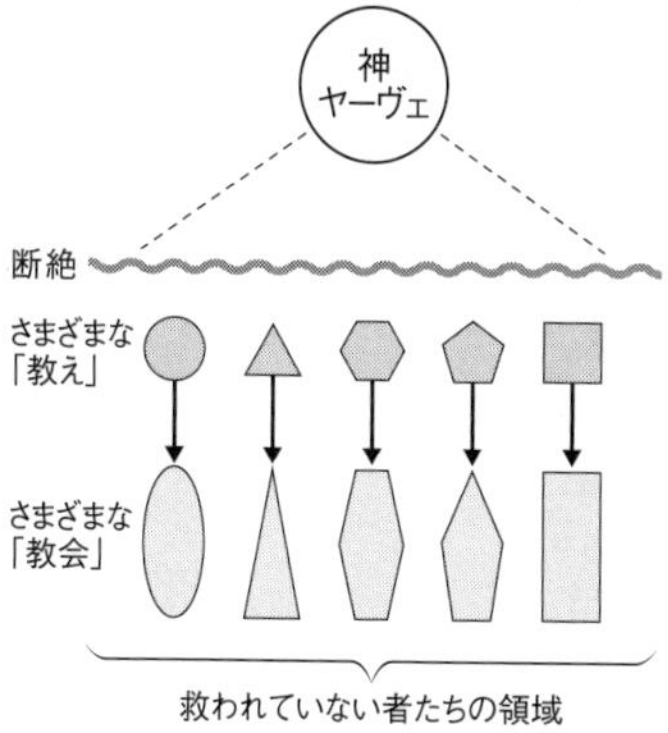

　したがって、キリスト教の本質は、それらの「教え」の内容、「なすべきこと」の内容に存しているのではない。それらは千差万別である。「教え」の内容、「なすべきこと」の内容、ではなくて、ありもしない「なすべきこと」を、存

在するかのように宣伝して宗教集団を作り出すというところが共通であって、それが「キリスト教の本質」である。これらの「教え」では、自分たちの集団のメンバーになること、集団の指導者に従属して忠実であることが、どの場合も、きわめて重視されていることが、目立った特徴である。

こうして見ると、キリスト教の分派のそれぞれが、仲間の人数にきわめて敏感であることも納得できる。神との繋がりがホントに存在しているのか、「教え」の内容が「神」の前でふさわしいか、は問題にならない。そんな観点から吟味したら、神との繋がりなどないし、すべての「教え」が不合格である。そうではなくて、自分たちの「教え」が社会において高いパフォーマンスを発揮できるかどうかが、唯一の関心だからである。

指導者パウロの巧妙なテクニック

「救われていない者たち」の領域で、指導者になろうとする者が具体的にどのようなアプローチをしているか、実例をいくらか検討する。

新約聖書には、さまざまな文書が収められている。すべての文書が、イエスの処刑以後に成立したものである。ここまでの議論での言葉遣いを用いるなら、「イエスを神格化し

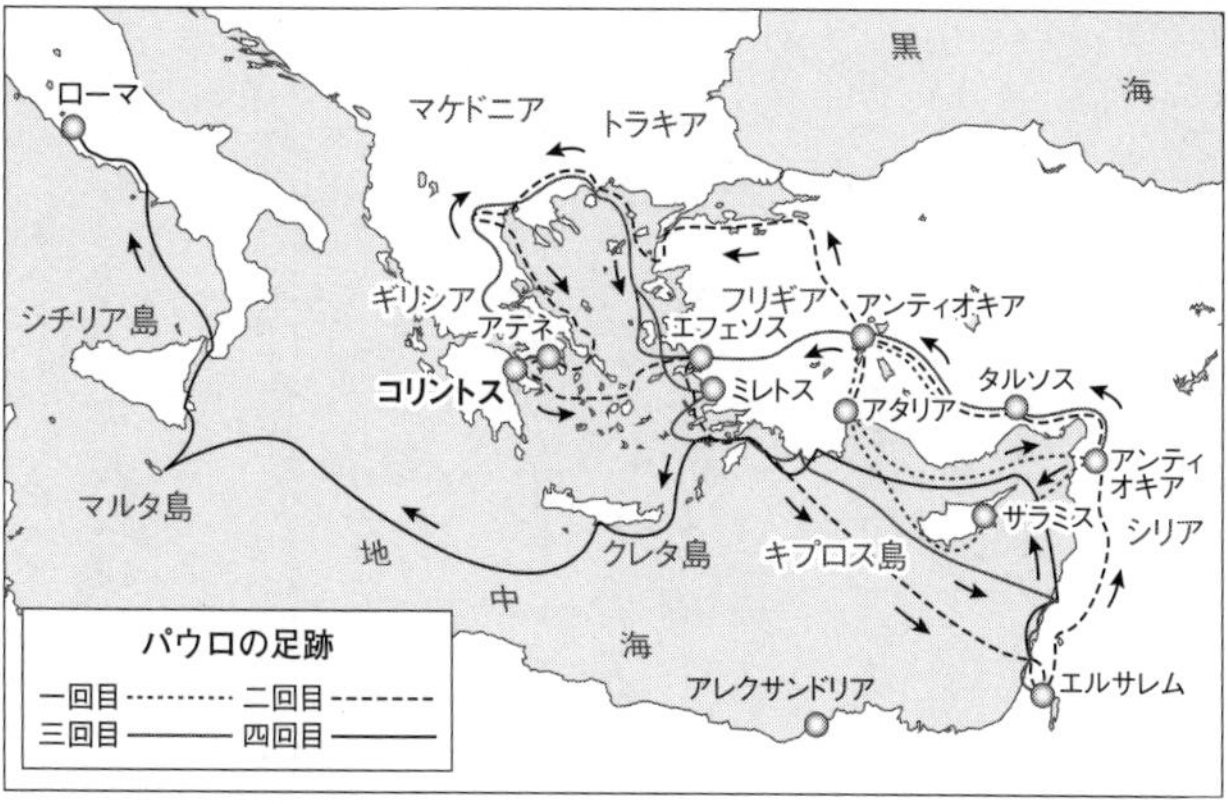

パウロの精力的な活動

た上で人集めの活動をいろいろと試み、宗教ビジネス人間たちのさまざまな工夫の様子を伝える文書」ばかりである。

このこぢんまりした文書集にも、さまざまな「教え」「指導」があって、それに服従するさまざまな「信者たち」「集団」ができているという状態がありありと見て取れる。パウロという人物の書簡がいくつも収められている。パウロの書簡とされているものすべてがパウロの真筆でなく、パウロ的な者たちによって書かれて、後から著者がパウロだとされた「偽パウロ書簡」もある。彼は、後一世紀五〇年代あたりに活動した。短い期間だったが、かなり精力的に活動した。

「コリントス人への手紙第一」の冒頭近くを見

てみる。パウロは、あちこちに「パウロ的教会」を設立した。ギリシアの商業都市コリントスにも、「パウロ的教会」があった。この教会に問題があって、パウロが指導している。

あなた達はそれぞれ言っている、「私はパウロにつく」「私はアポロスにつく」「私はケファス（ペトロのこと）につく」「私はクリストスにつく」（一章一二節）

教会内に分派が生じているのが、問題である。誰に従うかによって、分派が生じている。「○○につく」と訳したが、原文は、固有名詞の属格が使われているだけである。英語にするなら、「私はパウロにつく」は「I am of Paul」「I am Paul's」となるところである。

四つの場合が列挙されている。しかし、ここに決定的な欠如がある。「神につく」という場合が欠けている。神と繋がっているなら、パウロの権威やその他の権威は無に等しい。パウロとしては、人々が神と繋がる可能性は何としても未然に否定しなければならない。「あなた方には、〈神につく〉という場合はあり得ない」と単刀直入に述べると、強い反発が生じるのが必定である。そのような場合に、肝心な選択肢を無視して、いくつかの他の選択肢を並べることで、肝心な選択肢が選ばれてしまうのを避ける、というテクニックが使われている。

この中に「クリストス」がある。これは「イエス」のことで、教会のメンバーにとっては、神同然の存在だと言える。「神格化したイエス」である。実際のイエスは処刑されて、もういない。「神格化したイエス」は、引用箇所のすぐ前で、次のように確認されている。

私たちの主イエス・キリストの現れ（アポカリュプシス）を私たちは待ち望んでいる。

（一章七節）

つまり、「神格化したイエス」が目下のところ不在である、と確認されている。イエス・キリストは偉大だという議論をパウロは行うが、イエス・キリストが実際の指導者として出現することはないので安心である。

権威ある者として、パウロのライバルになりそうなのは「アポロス」（エジプトのアレクサンドリア出身の活動家）、「ケファス（ペトロ）」だけである。しかし、彼らについては、もう言及しない。パウロの手紙を読むという行為がすでに、パウロの権威を認める枠組みに読者たちが組み込まれていることを含意しているからである。

こうした中で、パウロは、イエス・キリストは偉大だが、パウロ自身は不適格だといった意味の議論を長々と展開する。イエス・キリストは偉大だろう、パウロはそれには及ばないだろう。しかし、こうした議論をするということは、パウロが指導者として振る舞っているということである。「私などは不適格です。ホントに偉い方は、江戸の北にある有名な神社に祭られているあの方です。恐れ多くもあの方こそが神君であって、あの方が偉いのです。私などは、偉い指導者のようなことはできません。実は、ほんの少し、指導者のようなことをしたことがありますが、ほんの少しです」といった議論をする。そして「神君こそが偉い」と演説している話者が、権力者・指導者として実際に活動する、という具合である。これと同様の構造で、パウロを指導者として認めざるを得ないところに人々を追い込む巧妙なテクニックである。

パウロは、神の不在を確認した上で、神をダシにして、自分に従う宗教集団を作りだし、指導者になる、きわめて巧妙な宗教ビジネスマンである。

四つの福音書、立場の違い

指導者志望者たちの様子の実例を、新約聖書から、もうひとつ検討する。

新約聖書には、イエスの活動についての物語である「福音書」が、四つ収められている。イエスの活動のイメージとして、互いに相容れない四つのイメージが繰り広げられている。これらの四つのメッセージは、協力し合ってすばらしいひとつのことを述べているのでなく、互いに論争状態にあって、互いに否定しあっている。

四つの福音書のうち、マルコ福音書がまず書かれた。初期キリスト教関連のさまざまな事態の年代決定については、七〇年に生じた「ユダヤ戦争」の前なのか、後なのかが、一つの便利な目安である。マルコ福音書は、五〇年代あたりに書かれたと考えるのが順当である。マタイ福音書とルカ福音書は、「ユダヤ戦争」の後、八〇年代とするべきである。キリスト教が、ユダヤ教主流から分裂する可能性が大きくなっていた時期である。マタイとルカは、マルコ福音書を読んでいて、それでは満足できないので、自分独自の「福音書」を執筆した。しかし、マタイとルカには、直接の文学関係はない、と考えられている。すなわち、マタイがルカ福音書を直接に参考にしている、また、ルカがマタイ福音書を直接に参考にしている、ということはない、と考えられている。

ヨハネ福音書は、他の三つの福音書とはかなり違った雰囲気の内容になっている。成立したのは、一世紀の末近く、あるいは、二世紀にいくらか入ったころかもしれない。四つの福音書のこうした関係がどうなっているかは、十九世紀の新約聖書研究の大きな二つの課題のひとつだった。ちなみに、もうひとつの課題は、「史的イエス」の問題である。

四つの福音書の関係が上で述べたような様子であるということは、二十世紀の初めころに確定した。これらはあくまで仮説だが、きわめて蓋然性《がいぜん》の高い仮説である。細かい点についでは、議論の余地がいろいろとあるが、この仮説は、かなり信頼できる仮説として認められるべきである。この仮説に根幹のところで異議を言い立てる論文などがあるが、ただ否定するのでなく、問題点をきちんと指摘し、よりよい仮説を提案しなければならない。そうでなければ、ただ目立ちたいだけの罵詈雑言《ばりぞうごん》の羅列になってしまう。今のところ、根本的な見直しを迫るような新説は出ていないようである。

四つの福音書の立場の違いについて、いわゆる「イエスの洗礼」の場面に注目して検討してみる。ここでは、マルコ、マタイ、ルカの三つの福音書の場合についてだけ検討する。ヨハネ福音書の場合は、これら三つの福音書に比べてかなり特殊であって、長い議論が必要になってしまうからである。

マルコ福音書の場合

マルコ福音書（一章）では、まず洗礼者ヨハネの活動についての描写が示され、イエスは、洗礼者ヨハネの洗礼を受けるために来た一般ユダヤ人のひとりとして登場する。つまり、イエスはすでに成人である。ヨルダン川の水につかって、「水からあがる」。ここまでは、イエスは、洗礼者ヨハネのところに集まってきた他の者たちと同様な行動をとっている。

ところが、この後、天から霊がイエスに下る。それから、イエスについて「あなたは私の愛されている子、あなたにおいて私は喜ぶ」という天からの声があった。「霊の付与」「天からの声」のふたつは、イエスにだけ生じた出来事である。細かい点についていろいろと確認しなければならないが、ここでは余裕がない。この出来事で、神の選びによって神とイエスとの間に肯定的な関係が生じたと、結論的に述べることにする。

この後、マルコ福音書を最後まで読んでも、神との特別な肯定的関係が生じる者はいない。この特別で唯一無二のイエスが、社会の中であれこれと活動する物語になっている。マルコ福音書は、「神に選ばれた唯一の存在であるイエスが、社会の中で活動する物語」である。イエスは、歓迎される場合もあるが、イエスに対するさまざまな抵抗も生じる。

イエスの目的は地上に「神の王国」を実現することであり、イエスはその王国の王にあたる。この王国は、マルコ福音書の物語では、まだ実現せず、天からの「人の子」(超自然的なイエス)が到来するという出来事が生じるのを待たねばならない。

マタイ福音書の場合

マタイ福音書でのイエスは、マルコのイエスとは同一ではない。「イエスの洗礼」の場面は三章に記されている。イエスが洗礼を受けようとするのだが、ヨハネはイエスが高い地位の者であることをすでに知っている。洗礼の儀式については、この儀式を司《つかさど》る者の地位が高く、洗礼を受ける者の地位は低いということがあるらしく、ヨハネはイエスの洗礼の儀式を行うのを躊躇《ちゅうちょ》する。しかし、イエスに命じられて、ヨハネは儀式を行う。天から霊がイエスに下る。これはマルコ福音書の場合と同様である。そして「天からの声」が生じる。

マルコ福音書では、この「声」は「あなたは云々」と述べていて、イエスに語りかけている。ところがマタイ福音書では、「これは私の子、彼において私は喜ぶ」と述べる。天の声は、洗礼の儀式に立ち会っている者たちに語り掛けて、自分と特別な関係があるイエスを人々に紹介している。イエスの価値の高さが、神とイエスとの間で内密に確認されるだけでなく、社会的に認められることが、重視されている。

マタイ福音書では、イエスの誕生および幼少時代の物語が、一〜二章に記されていて、イエスは生まれる前から、神との特別な関係をもっている。「イエスの神格化の一環」である。物語の中で、イエスだけがこうした特別な存在であるという点では、マルコ福音書の場合と同様である。ただし、マルコでは、普通の人だったイエスが、洗礼の時の出来事で、特殊な存在になる。マタイでは、イエスは、生まれる前から特殊な存在である。それから、イエスの使命が違っている。イエスは「従来のモーセ律法に代わる〈新しい掟〉を与えに来た者」である。処刑の後、復活したイエスは弟子たちに会う（二八章）。イエスはまず自分の位置づけを確認する。「私には、天と地におけるすべての権威が与えられている」。これは、イエスが事実上「神（同然）」だという宣言である。そして弟子たちに任務を与える。「すべての民を弟子にする」「イエスが与えた〈新しい掟〉を守らせる」。これは、神同然のイエスの権威のもとで、弟子たちが指導者になる支配組織を全世界規模で作り出せという、宗教的世界征服の野望の表明になっている。

マタイ福音書でイエスが与える〈新しい掟〉がどのようなものかは、それらのすべてを丁寧に吟味しなければならない。その作業をする余裕は、ここではない。ただ、一点、大きな問題を抱えていると思われる場合を指摘する。「姦淫《かんいん》」についての〈新しい掟〉である（五章）。「姦淫」は、従来のモーセ律法でも禁じられている。他人の妻と性交をすることである。しかしイエスは、「女を見て、彼女に欲望をもつ者は、誰でもすでに、心の中で、彼女と姦淫を行っている」と述べる。「姦淫」の適用範囲が実際の性交から、性交への欲望へと広げられている。そして、このような「姦淫」が生じた場合の処置も、具体的に示されている。「目をえぐり出す」という処置である。

健康で元気な成人の男性なら、女性を見て性欲を抱くことは、抑えようもなく頻繁に生じることである。人間には、普通、目は二つしかない。この〈掟〉を遵守して、性欲を抱いたということで「目をえぐり出す」ということを行ったら、二つの目は、すぐになくなってしまう。しかし、古代以来、この掟に従って目をえぐり出して、目を失った者についての報告はまったくないようである。聖書に高い権威を認めて、聖書に書いてあることは無条件に「正しい」という議論をする者たちがいる。「聖書のここに、こう書いてあるから、こうすべきだ、こう考えるべきだ」というタイプの議論をする者である。こうした者たちには、マタイ福音書のこの箇所を指摘して、「あなたの目を全部えぐり出してから」

あるいは「あなたの仲間の男性の目を全部えぐり出してから」その議論をしてもらうようにすると、彼らを撃退できる。

聖書のすべてを遵守しなければならないのなら、すべての目はえぐり出されてしまっているはずである。そうでないなら、彼らは、人間や社会に対してだけでなく、神に対して嘘をついているのである。自分に都合のいい「聖書の言葉、教え」は、遵守し、賛美し、他人にも遵守を強制し、都合のわるい「聖書の命令」は無視してしまう。神の権威に従うのでなく、神の権威を自分に都合よく利用しているのであって、自分が「神以上の者」になるということの単純で明らかな実例になっている。

ルカ福音書の場合

ルカ福音書で「イエスの洗礼」の場面は、三章に記されている。ルカは、マルコ福音書を参考にしているが、マタイ福音書のテキストは知らない、と考えるのが基本である。ルカの場合にも、イエスの誕生および幼少時代の物語が、一～二章に記されている。これも「イエスの神格化の一環」である。しかし物語の内容は、マタイのものとかなり違っている。

三章でイエスは、他の人々と同じように、洗礼を受ける。すると、イエスに、聖霊〈神の霊〉が与えられる。また、天の声があって、「あなたは私の愛されている子、あなたにおいて私は喜ぶ」とイエスに語りかける。こうしたことだけを見ると、マルコ福音書の場合とかなり似ている。

しかし、イエスがすでに特別な存在だとされていることの他に、決定的な違いがある。「イエスの洗礼」の場面の直前に、洗礼者ヨハネについての記述があって、その記述では、ヨハネは逮捕されてしまっている。この情報は、マルコにもマタイにも記されていない。したがって、ルカ版の「イエスの洗礼」では、洗礼者ヨハネが立ち会っていないことになる。ヨハネが洗礼の儀式を司ると、ヨハネがイエスより高位な者であるかのようになってしまうのを避けるための工夫、マタイの場合とは別様の工夫だと思われる。

それから、イエスに与えられた「聖霊」について「鳩のような体型のイメージで」といった表現が添えられていて、これもルカだけの表現である。「鳩」であることの意味についてはいろいろ議論があるが、ここでは省略する。「体型のイメージで」というのは、〈体のある姿で〉といったように言い替えられる表現で、「聖霊」が客観的に認められるようになっていることを示すための工夫である。「聖霊」が与えられたとしか記さないと、この出来事は、天（神）とイエスは認知できるだろうが、周囲にいた者たちには気づかれず、つまり、社会的出来事にならないおそれがある。天の声も、イエスに二人称単数で話しかけているので、イエスにしか聞こえないとされてしまう可能性が残ってしまう。マタイでは、天の声が、特殊な地位にあるイエスを人々に紹介するという内容の言葉を述べることで、出来事の社会性が確保されていた。

ルカ福音書には、続編があって、それが「使徒行伝《しとぎょうでん》」である。普通に手に入る新約聖書では、ルカ福音書と使徒行伝の間にヨハネ福音書があって、ルカ福音書と使徒行伝は、別々の独立した文書であるかのような体裁になってしまっている。しかし、この二つの文書は、ひとつの物語の前編と後編である。この二つをまとめて言う場合には、日本語では「ルカ文書」という。マルコとマタイでは、神との繫がりがあるという点では、イエスは特殊であり、このような特殊な位置づけになっているキャラクターは、イエスだけだった。

ルカ文書では、イエスのように聖霊を与えられているキャラクターは、他にもあれこれと登場する。イエスのように地上で神的権威をもっている者は、イエス以外にもあれこれと存在していて、それぞれがさまざまな活動を行う。こうした「神的指導者たち」は、必ずしも連携のとれたチームプレーをしているのではない。つまりルカ文書は、イエスをはじめとする「神的指導者たち」があれこれと活動する様子をパノラマのように描き出した物語になっている。この意味で、ルカ文書の物語は、キリスト教の後の展開で、さまざまな教会（宗派や分派）があれこれと活動する様子の縮図のようになっている。

「イエスの洗礼」、それぞれの解釈

以上の三種類の「イエスの洗礼」の場面は、天（神）との関係でイエスが特別な地位にあることを示す出来事となっている、といったおおまかな点では共通しているが、細部ではいろいろと不一致があるものになっている。簡単に言うならば、福音書記者が、それぞれの立場から、自分の都合に合うように、イエスのこのエピソードに手を加え、場合によっては大胆に創出しているからである。イエスが神同然だとするならば、神の姿が人間の都合で思うままに変更されてしまっていることの証《あか》しになっている。

「イエスの洗礼」の場面は、西洋の名画などで、いろいろと表現されている。この機会に有名だと思われるイメージを、一つだけ見てみる。イタリアのルネッサンス期の画である ヴェロッキオ（Verrocchio 一四三五～八八）の絵で、十五世紀に作成された。今は、フィレ

	イエスの位置づけ	洗礼者ヨハネの行動	天からの声	イエスの使命
マルコ福音書	一般の成人ユダヤ人のひとり	他の人々へと同じようにイエスの洗礼の儀式を行う	イエスにだけ生じた出来事である可能性大	地上に「神の王国」を実現すること
マタイ福音書	生まれる前から神との特別な関係をもつ特別な存在	イエスの洗礼の儀式を行うのを躊躇するが、イエスに命じられて儀式を行う	洗礼の儀式に集まった者全員に語りかけ、自分と特別な関係があるイエスを紹介する	従来のモーセ律法に代わる〈新しい掟〉を与えること
ルカ福音書	生まれる前から神との特別な関係をもつ特別な存在	逮捕されてしまっていて、洗礼の場面に立ち会っていない	イエスにだけ生じた出来事（周囲にいた者たちもそのことに気づくような工夫あり）	イエス以外にも「神的指導者たち」が存在し、それぞれがさまざまな活動をおこなう

三つの福音書に描かれた「イエスの洗礼」場面の比較

ンツェのウフィツィ美術館にある。

この絵では、洗礼を受けているイエスの横に、洗礼者ヨハネがいる。ルカ福音書の報告では、あり得ない姿である。また、イエスの上に鳩が浮かんでいる。「聖霊」が「鳩のような体型のイメージ」だったというルカの報告に依拠した姿だが、こうした場面は、マルコとマタイのテキストには記されていない。

つまり、ヴェロッキオは、聖書に与えられている情報に依拠しているようでありながら、自分の都合に合わせて、福音書のどのテキストにも一致しない独自のイエス像を作り出していることになる。キリスト教は、キリスト教という権威ある枠内にうまく留まるならば、その情報を、自分の都合に合わせて、かなり自由に、やりたい放題に変更することができることを、如実に、つまり、あからさまに、証明する事例になっている。キリスト教において、さまざまな分派が無数に生じる事情を物語る縮図になっている。

それは、本書のカバー帯でも使用した「パウロ」の絵（ヴァンランタン・ド・ブーローニュ『書簡を書く聖パウロ』）についても同様のことが言える。十七世紀のこの絵には、時代錯誤がかなり認められる。

パウロの当時、つまり後一世紀に、このように机に向かって執筆するのは、あまり常識的でなかった。当時は、著者が直接に紙にテキストを記すことよりも、著者が口頭で述べていることを書記係が筆記するのがまずは普通だった。また、画面の左、机の上に、綴じ本があるが、当時の本は基本的に巻物だった。等々。

これはまるで、二十一世紀初頭の画家が、パウロの姿の絵を描いて、そこでパウロがパソコンでテキストをタイプしていたり、Speech to text で執筆したりしている姿になっているようなものである。このような操作はいたるところで見受けられることを心に留めておくべきと考える。

ヴェロッキオ『キリストの洗礼』(ウフィツィ美術館蔵)

ヴァランタン・ド・ブーローニュ『書簡を書く聖パウロ』(ヒューストン美術館蔵)

福音書についての検討を行ったので、これと関連して、パウロの興味深い立場について指摘する。

パウロが活動したのは、一世紀の四〇年代・五〇年代あたりである。パウロが、完成した形のマタイ・ルカ・ヨハネの福音書に接した可能性はない。年代的には、マルコ福音書の成立をかなり早い時期と考えるならば、パウロがマルコ福音書に目を通していた可能性は退けられないが、可能性はかなり低い。

しかし、福音書が成立する前には、イエスの活動の時のさまざまなエピソードが、バラバラの形で、「伝承」として伝えられていた。これを、福音書記者たちは集めて、それぞれの福音書の物語をまとめる主な材料にしたのである。パウロも、これらの「イエスについての伝承」（口頭のもの、あるいは、部分的には書き留められたものもあり得る）にそれなりに接していただろう。

ところで、パウロにおいては、イエスということになると、「十字架」ないし「十字架のイエス」に関心が集中している。「コリントス人への手紙 第一」に次のような言葉がある。

十字架につけられたイエス・キリスト以外、私はあなた方の間で何も知るまいと決めていた。（二章二節）

「あなた方」というのは、パウロ的教会の信者たち、つまり、キリスト教ということについては、パウロに服従するという立場を選んでいる者たちのことである。パウロは、自分の支配下にあるこの者たちを、自分に従順な状態に保持しなければならない。そのために、イエスについては、「十字架のイエス」についてだけ取り扱うという方針になっている、と表明されている。

では「十字架につけられたイエス・キリスト以外」とは、何のことか。それは、「十字架のイエス」以外の、イエスについての情報であり、つまり、イエスの活動についてのあれこれのエピソードのことである。そして、新約聖書という枠内で考えると、「イエスの活動についてのあれこれのエピソード」を重視しているのは、福音書である。福音書には、「十字架のイエス」についてのエピソードも含まれている。しかし、それ以外にも、「イエスの活動についてのあれこれのエピソード」がそれなりに豊富に記されている。パウロは、これらの「イエスの活動についてのあれこれの情報」「十字架以外のイエスについての情報」があることを知っていて、だからこそ、「十字架につけられたイエス・キリスト以外、何も知るまい」と決断しなければならない。

イエスについての情報を区分して、一部だけ尊重し、残りを無視するという差別的扱いを、パウロはなぜ行うのか。それは「パウロが決断した」ということが理由とされていて、他に何の説明もない。パウロは、自分の判断があれば、それですべての選択が有効だとしていて、パウロ自身が神のようになっている。あるいは、絶対王政の時の王（たとえばルイ十四世）が命令を発する際に、「以上が私の喜びとするところである」という理由が添えられていて、それで十分だとされているのに似ている。

そして、パウロは、イエスを神であるかのように扱っているが、イエスのどのような面が「神」であり、どの面が「神」でないかについて、有効な判断が自分にはできる、としている。パウロは、「神のように」なっているどころか、「神のあり方を裁く（何がよくて［採用する］、何が悪いか［不採用にする］を決める）」、いわば「神以上のもの」になって、はばからない。

こんなことができるのは、パウロの活動が、「神なしの領域」で行われていて、「神」としてあげつらわれている「存在物」が、実は空虚で、実体のないものだからである。概念ないし、イメージでしかない。この「概念ないしイメージでしかない〈神〉」について、社会的に魅力あるようにうまくあげつらうことができる者が、大きな規模の宗教組織の指導者になることができる。

あるグループでは、昔、大帝国の首都だった町に「指導者」がいて、この「指導者」は金ピカの服を着てパレードをしたりするのが好きだったりする。別のグループは、この金ピカ服指導者の組織から逃げ出して、北の地方で大きな勢力の別の組織を作ったかなり太った者を「指導者」と仰いでいる。やせぎすの男で、山岳地方に近い町で、別の組織の指導者になった者もいる。等々。

どのグループも、それぞれの組織のメンバーになること、「指導者」の権威を認めること、そして、その組織が提案するいろいろなタイプの「自己正当化」「自己満足」で充足することが求められている。自分たちの組織に賛同しない者は、「無神論者」「異端」であるとして、場合によっては皆殺しを目指す大規模な戦争を行ったりしてきた。

キリスト教に、さまざまな宗派・分派があることを、具体例で指摘する作業は、無限に続けることができる。どれも、「神なしの領域」での出来事であり、「（空虚な）神」をビジネス目的でいかにうまく利用できるかで、栄枯盛衰《えいこせいすい》を繰り返している姿でしかない。

第4章　キリスト教と「世俗化」

西洋文明に適した「二重構造の宗教」

キリスト教は、「神なしの領域」「救われていない者たちの領域」で展開した宗教運動である。実を言うと、「宗教」なるものはすべて、「神なしの領域」「救われていない者たちの領域」だからこそ出現する現象である。

まずは、キリスト教の展開について、検討する。それから、キリスト教も含めた「宗教」の現代における位置を、「世俗化」の進展との関連において検討する。

「キリスト教」が、重要な意味をもったのは、古代末期において西洋文明を重大な危機から救い出した決定的手段になったからである。しかし、近代になると、キリスト教は無用のものになって、「世俗化」「キリスト教離れ」のプロセスが始まり、ゆっくりとだが確実に進行する。

キリスト教は、後一世紀、パレスチナで登場した。当時は、シリアやパレスチナを含んだ地中海世界はローマ帝国の支配下にあり、メソポタミアから、さらに東方のペルシアなどは、ペルシア系の「パルチア帝国」が支配していた。さらに東方はインドである。キリスト教は、パルチア方面にもいくらかは伝わったようだが、ローマ帝国側で大きく展開する。

ユダヤ教について検討する中で、「安易な〈自己正当化〉」の集団について考えた。「荒野の修行者」のような厳しい「特別な生活」をするのではないが、食事や就寝を巡って工夫した「特別な振る舞い」が、自分たちを神の前で正しいとする、として満足する立場である。こうした立場は、一般ユダヤ人たちのレベルが向上して、それなりに「自分で考える」という能力が身についてきたから可能になった立場である。それは、少なくとも週一回の集会、世俗的な言い方をするなら、聖書を巡っての教養講座のような活動、「シナゴーグ」の活動、が行われていたからだ、と考えた。

ユダヤ人以外の一般の人々には、このような「教育制度」がなかったので、彼らのレベルはあまり高くないままにとどまっていた、と考えられる。一般ユダヤ人たちの「安易な〈自己正当化〉」の集団の場合は、指導者的な者がいただろうが、全体としては、メンバー全員が納得して、緩やかな宗教的生活を行っていた。しかし、ユダヤ人以外の当時の一般の人々には、こうした集団はレベルが高すぎたと思われる。つまり、彼らが宗教集団をつくるには、かなり強力な指導者が必要だった。指導する者と、従う者がかなりはっきりと区別されていた。このように、人間が上下二つの層に分けられるのは、「考える」「理解する」という能力が重視されるからである。

人間を上下二つに区別しないで宗教集団をつくる方法は存在する。それは、儀式・儀礼の実行を活動の中心にすえるという方法である。「参加型の宗教」というべきだろうか。これならば、メンバーは、儀式に参加するだけでよい。帽子を被る・被らない、どんな服装をすべきか、どんな時に着席し、どんな時に起立するのか、といったかなり容易な最低限の決まりを習得するだけでよい。これなら、宗教的な場面で、皆を等しく同じに位置づけることができる。「考える」「理解する」という能力を重視する宗教の場合は、これに対して、「理解型の宗教」といえるだろう。

キリスト教は、少なくとも当初は、「理解型の宗教」の傾向が強かったようである。指導する者と従う者が、はっきりと区別されてしまう。こうしたことが、ペルシア的な文明圏の人々には、受け入れにくかったのではないだろうか。ペルシア文明にも、指導者と従う者がいる。アケメネス朝ペルシアでは、王は、強大な権力をもっていた。パルチア帝国は、それよりは自由な雰囲気だったようである。基本的に、人間は人間であるという見方が奥底にあった。

ところが、西洋文明は、自由人である支配者と、奴隷である服従者からなる文明で、奴隷は人間ではなかった。奴隷は、生物的には人間かもしれないが、道具であり、家畜が

「魂のある道具」であるのと同様に「魂のある道具」（ὁ δοῦλος κτῆμά τι ἔμψυχον、アリストテレス『政治論』一二五三b）でしかなかった。これは、きわめて厳しい人間観、というか人間・奴隷観、である。現代は、言葉遣いで差別をごまかせばよろしいというような風潮かと思われる。実践的には当座をしのげるかもしれないが、文明のタイプの根幹にある立場がそれで変化するのではない。

そしてキリスト教において、人間が上下の二つの層にはっきり分けられている。これが、西洋文明の根底にある厳しい人間観にちょうど適合していた。このためにキリスト教が、ローマ帝国側で大きく展開することになったと考えられる。

（ちなみに、アレキサンダー大王の死後に成立したセレウコス朝シリアが、当初はシリアから、メソポタミア、ペルシアを支配する広大な帝国だったのが、比較的短期間にペルシア・メソポタミアから退けられ、シリアあたりだけが支配領域になったことにも、同じような事情があったと考えてみるべきである。）

ローマ帝国によるキリスト教の国教化

キリスト教が重要なのは、四世紀にキリスト教がローマ帝国の国教になり、古代末期から近代まで西洋文明を支える重要な支柱としての役割を果たしたからである。そして、近代になって、西洋文明が地球規模で支配的となったのに合わせて、キリスト教も世界規模で大きな影響力をもつようになった。

しかし近代には、「世俗化」の巨大なプロセスも始まる。西洋文明・キリスト教については、「キリスト教離れ」の動きが生じて、二十一世紀の今では、かなりの程度の「世俗化」が実現している。キリスト教がなぜ、どのように大きな勢力になったのか、近代以降の「世俗化」でキリスト教の力が大きく後退しているのはどのような意味があるのかについて検討する。

成立したばかりの古代のキリスト教は、人数的にも地理的にも、かなり急速に拡大していたとはいえ、最初は小規模な新興宗教でしかなかった。しかし、次第に無視できない勢力になり、断続的な迫害が行われるようになる。迫害が断続的だったことは、のちのキリスト教の拡大にとって重要である。迫害が断続的、ということは、ある時は厳しい迫害が行われ、しかし長く続かず、迫害がない期間もあったことを意味する。また、迫害がなされても、ある地域で厳しく、しかし他の地域ではそれほどでない、ということもあった。迫害が起こると、迫害に屈しない者も少なくない。殉教する者も出てくる。迫害の際には、指導者的な者がまずは犠牲になる。しかし、迫害に屈して、棄教する者も出てくる。ところが、迫害が断続的なので、迫害のない時期が来る。すると、棄教した者で、またキリスト教徒に戻りたいという者が出てくる。

最初のうちは、一度棄教した者はキリスト教徒に戻ることは許されない、とされていたようである。しかし、迫害があると、優秀な指導者が犠牲になることが多い。指導者不足になる。すると、きちんとした訓練や勉強を経ずに、たとえば、殉教寸前まで迫害を耐え抜いたといった「迫害時のヒーロー」のような者が、人気だけで指導者になったりする。つまり、指導者の質が低下する。一度棄教した者が教会の扉を叩いて、キリスト教徒に戻ることを希望しても、きちんとした指導者の場合には拒否される。しかし、いい加減な者が指導者になっている教会に行くと、再びキリスト教徒として認められるといったことが生じる。いい加減な者が指導者の場合、自分の地位は人気に依存しているので、彼を頼ってくる者を簡単に受け入れたりする。このようなことが生じてくると、厳しい指導者が厳しい態度で臨んでも、あちらの教会では容認されているのに、こちらではなぜ拒否されるのだ、といった議論がなされたりする。

他にも似たような事情があって、かなりいい加減な者でもキリスト教徒になれるようになってくる。メンバーの質は低下する。宗教エリートのセクト集団のようだったのが維持できなくなる。しかし、人数的にはどんどん拡大する。

それからエジプトの問題がある。エジプトは、ローマ帝国にとって、「穀倉地帯」と呼ばれるような、農業生産の豊かな地方だった。「穀倉地帯」と言われると、何やら褒められているようだが、エジプトの者からすれば、ローマなどのイタリアや、ギリシアの地方で遊んでいるローマ市民たちを養うために、自分たちの地方の生産物が掠《かす》め取られているのが現実である。ローマ支配から逃れたい。しかし、政治的・軍事的には、ローマ支配から逃れられない。そこで、基本的に「反ローマ」であるキリスト教に、大勢が与《くみ》するということになる。宗教への参加が、反権力の意味をもつ場合である。

ローマ帝国によるキリスト教の国教化については、ローマ帝国の政局が不安定だったことも重要である。キリスト教の国教化がなされる前の世紀である三世紀は、「三世紀の危機」という表現があったりするほどのきわめて不安定な時期だった。この時期は、「軍人皇帝時代」とも呼ばれ、次々に皇帝が変わり、皇帝を僭称《せんしょう》する者たちさえも数多く現れて、ローマ帝国が弱体化した。ローマ帝国を立て直すためにさまざまな政策が行われるのだが、なかなか成果があがらない。四世紀になって、コンスタンティヌス帝がキリスト教を容認する政策で統治を試み、これが当を得た選択となった。

コンスタンティヌス帝自身がキリスト教容認政策の射程をどれほど了解した上で、この政策を採用して推進したのかは決めにくい。エジプトの離反を食い止める効果は考えていたと思われる。軍事力でエジプトを屈服させるのでなく、何に服従するかを平和裏に教える政策になっている。このことが如実に感じられるのは、ニケーア会議（三二五年）などでの、キリスト教の教義に関する介入である。

イエスが神なのか人なのかについて、エジプトのアレクサンドリアを中心にして、終わりのない論争が生じていた。ニケーア会議では、ローマ帝国のいたるところからキリスト教の責任者たちを集めて、教義上のこの問題について検討させ、「イエスは神」と決定した。こうした問題は、会議で決定できる問題だろうか。しかも通常の議論では結論にいたらない問題である。だから論争になっていた。決められるはずのないことが、決められてしまっている。コンスタンティヌス帝自身が会議に参加していたという。彼は、こんな類の発言をしたのではないだろうか。「ボク、コンスタンティヌスです。よろしく。ボク、アタナシウス君の意見（イエスは神、とする説）がいいと思うんだけど……、皆さん、どうですか？　ご自由に議論してくださいね」。

本書では、「シケムの集会」での、ユダヤ人の指導者ヨシュアの介入の場面を、いくらか具体的に検討した。コンスタンティヌス帝の介入は、ヨシュアの介入の様子に酷似している。カナンの地の征服戦争が一応のところ終了し、これからいよいよ定住生活を始めるという時に、ヨシュアがユダヤ人たちを集めて、どの神に仕えるかを選択させる場面である。ヨシュアは、次のように述べた。少し脚色を加える。「ボク、ヨシュアです。皆さんのリーダーです。もうお馴染みですよね。今日は、ここで、皆さんにどの神に仕えるかを選んでもらいます。ヤーヴェでもいいし、他の神でもＯＫです。自由に選んでください。ただし、私と私の家はヤーヴェに仕えることにします」。「選択の自由のない選択」が迫られていると解説した。

コンスタンティヌス帝の介入は、重要なことは誰が決めるかを、キリスト教の指導者たちに教え込む機能を果たしている。

キリスト教の社会的・政治的有用性

キリスト教がローマ帝国の国教として採用されたことは、ローマ帝国の弱点をうまく補強する結果になった。こうしたことが、どのようなメカニズムで生じたかを理解しておく

ローマ帝国によるキリスト教の国教化

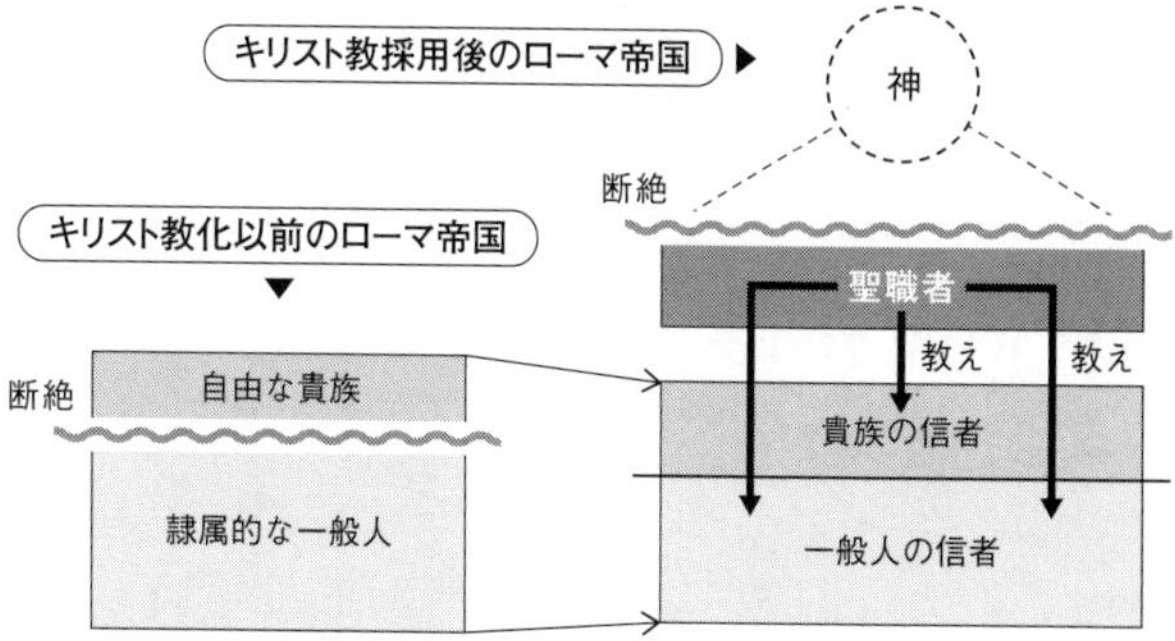

必要がある。

ローマ帝国の社会は、ギリシア以来の西洋タイプの文明の構造になっていた。すなわち人間が上下の二層に区別されている。上層が自由な貴族、下層が隷属的な一般人である。

しかし、一般人も、だんだんと自分で考えるようになる。そして、一般人の中からも優秀者が現れると、隷属的になっていることに不満な彼らが指導者になって、反乱を起こすようになる。社会が不安定になる。下層である「一般人」が単純に「魂のある道具」でおさまらなくなってきたからである。上層の貴族も不安定な二重構造維持のための管理に忙しく、自由が十分に享受できなくなる。

他方、キリスト教も、上下の二層に区別されている。上層には指導者（聖職者）がいて、下層に一般信者がいる。信者にはいい加減な者たちが増えていて、大人数の集団をまとめて導く制度になっている。

ローマ帝国がキリスト教を国教とするということは、ローマ帝国のメンバー全員が「信者」になるということである。その結果、キリスト教的なローマ帝国の文明社会ができあがる。上層に聖職者がいる。下層は信者である。この下層の内部には、また上下の二層ができている。「貴族の信者」と「一般人の信者」である。

ここで重要なことは、聖職者たちを社会の最上位に位置づけたことである。聖職者たちは社会的に支配的な立場に位置づけられ、ローマ帝国は教会制度を整備し、立派な教会施設などをあちこちに建設した。聖書の写本が、それまでは安価なパピルスのものばかりだったのが、この時から、羊皮紙の立派な書物が作られるようになる。聖職者たちは、社会的に支配的地位にある者にふさわしい生活ができるようになった。

そのような聖職者に誰がなるか、に工夫がなされる。聖職者は世襲であってはならない（ちなみに、ユダヤ教の祭司たちは、世襲制だった）。そこで、聖職者は結婚してはならない、子をもうけてはならない、ことになる。聖職者は一代限りで、自分の子供を後継者にすることがあってはならない。

聖職者は、貴族信者や一般人信者からリクルートされる。具体的には、多くの場合、子供のうちに、信者の中から優秀そうな者を選んで、神学校などで勉強させて養育する。すると、信者の中の優秀である者の多くは、聖職者になり、信者として残るのは、おとなしい平均的な者たちばかりになる。つまり、反乱の指導者になれるような優秀な者は、信者たちの間にいなくなる。こうしたメカニズムによって、安定した社会、西洋の「中世的な超安定構造」というべき社会が実現した。聖職者たちがどこからリクルートされるのか、を示したのが上の図である。

聖職者たちのリクルート

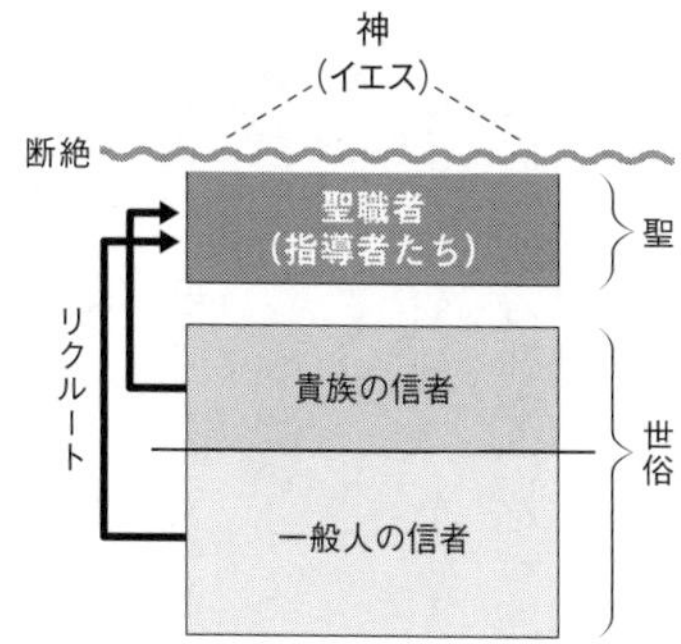

聖職者というと、教会の神父のような姿、一般の人々のあいだにいて、人々の世話をあれこれする者の姿をイメージする人が多いかもしれない。しかし当時の聖職者で重要なのは、修道僧である。修道院では、見習いの時は勉強をし、規則を守りながら上級の人に仕えるなどで大変である。しかし、いったん一人前の修道僧になると、きわめて自由になる。

教皇庁に勤めているような人でも、午前中二〜三時間仕事すればあとは自由になる。特段の仕事のない人は、真面目な人であれば神学を勉強したりするだろうが、能力のない人はチーズやワインを作るのでもよい。聖職者は戦争にも行かずに済む。旅行に出ることもでき、「教会」という領域の中で、優秀な仲間たちと付き合い、かなりの自由を享受することができた。

こうして見てくると、キリスト教が西洋文明によって採用されて、巨大な組織になり、大きな威信のある制度になったのは、西洋文明社会の維持・運営にとってきわめて有用だったから、ということになる。つまり、社会的・政治的有用性が、キリスト教の価値だったのである。キリスト教は、神不在の領域で成立し、展開したと述べた。この大きな枠組みについては、歴史の中の長い時間の中での、キリスト教の大規模な様子をみても、何も変わっていない。

したがって、キリスト教が、西洋文明社会の維持・運営にとって役に立たなくなってくると、「キリスト教離れ」が生じてくる。これが「世俗化」である。

中世の終わりを告げた科学技術

近代という時代が、どんな特徴をもっていて、なぜ他の時代と区別されるのかについては、無数といえるような考え方があると思われる。中世が終わって、近代が出現する。こうした区分自体を認めたくないという立場もあるかもしれない。しかし、私としては、近代という時代を区切って考えるのは、きわめて有効だと思われる。「世俗化」「キリスト教離れ」は、西洋文明の近代における大きな特徴の一つである。また、「世俗化」は、キリスト教についてだけでなく、宗教一般について、世界規模で生じつつある。

近代の特徴は、なんといっても、「科学技術」が成立して、進展が開始されたことである。そして、大きな結果として、社会における富が増大した。この動きは今も続いていて、変化がますます大規模にそして急速になってきている。思索の生活においても、「科学的に考える」という態度が、教会の支配から独立する。この動きについて、決定的な宣言になったのが、デカルトの『方法序説』である。教会の権威に対するデカルトの戦いの重要な一端については、本書の冒頭でいくらか検討した。

文化的には、キリスト教が登場する以前の、古代のギリシアやローマの文化を重視する態度が大きな動きになる。これが「ルネサンス」である。

十六世紀から、カトリックとプロテスタントとの対立が激しくなり、キリスト教の教会に従うことの弊害が、大規模で痛切なものになってきた。さまざまな宗派・分派の流れの対立が厳しいものになり、残酷な事件や、大きな戦争が生じて、さまざまな工夫がなされても、「宗教戦争」が終わらない。

戦争は、さまざまな理由から生じる。領土や支配の拡大、富などの獲得が目的であるものは、いわば「普通の戦争」である。目的とされている、領土、支配、富などが獲得されれば、それで戦争が終わる。これに対して「宗教戦争」は特殊である。「宗教戦争」は、宗教的対立が原因である。つまり、対立する双方が、それぞれに「自分たちは正しい」と「信じて」いる。自分たちが正しいなら、賛同しない者たちは「悪」である。「悪」は滅ぼすのが当然である。敵の全員を皆殺しにしなければならない。

ヨーロッパにおける「宗教戦争」は、十七世紀前半に生じた大規模で過酷な「三十年戦争」(一六一八~四八)が、最大のものとされる。そして「三十年戦争」は、「最後の宗教戦争」とされている。互いに相手を皆殺しにする戦いが行われた。当面の敵を一掃しても、離れた国から援軍が来たりして、戦争が終わらない。

「三十年戦争」は、一六四八年の「ウェストファリア条約」で終結した。終わらないはずの戦争が、終わったのである。そして、これ以降、「宗教戦争」は回避されている、とされている。このあたりのことは、理解されにくくなっているようなので、いくらか具体的に解説する。

「正義」がなくなった宗教的立場

「宗教戦争」がこれ以降は回避されることになったのは、一言で言えば国家（近代国家）の構成について、「nation」の原則が導入されたからである。「nation-state」「national state」である。これを日本語では「国民国家」と訳していて、その意味がしっかりと分かっていればこの訳も了解できるのだが、字面だけを見ると、誤解されてしまう、本当のところが何なのか分からなくなってしまう。

私が小学校高学年のころ、この「国民国家」という表現を聞いて、よく分からなかった。国家があれば、国民がいるのは当然である。なのに、なぜわざわざ「国民国家」というのか。周りの大人に尋ねても、分かっていない。「世界大百科事典」の類を見ても、納得できない。

「state」が「国家」と訳されている。これは、制度的な国家である。領土があり国民がある、政府やその他の制度・組織がある。軍隊や学校、その他である。これは、普通の国家であり、国家の基本的な姿である。分からないのは「nation」である。「ウェストファリア条約」には、この「nation」についての説明がない。ここで、ヨーロッパの指導者たちの間で、暗黙の了解が共有されたと考えるべきである。西洋の政治指導者たちは、ときどき、重要な決定を暗黙のうちに共有するということを行っている。ローマ帝国の主だった元老院議員たちが、秘密裡のうちに合議して最重要な方針を決定し、共有する、といったような雰囲気である。これが分からないのでは、西洋が支配的で中心的になっている人類の近代政治は理解できない。

「nation」とは、何か。議論を尽くすより、実例で示すと納得しやすい。政治的原則は、大規模で奥深いけれども、複雑で理解困難では、実用的ではない。

私はフランスに長くいたので、フランスを例にする。ヨーロッパでは、そして後には世界規模で、十七世紀以降も、さまざまな戦争が行われる。しかし、これらは基本的に「宗教戦争」ではない。フランスは、基本的にはカトリックの国である。たとえば、軍隊では、フランス軍がある。フランス軍は、将軍も兵士も、その大多数がカトリック教徒である。しかし、必ず、そこに、プロテスタントの者を混ぜる。兵士だけでなく、将軍のような重要な地位にも、必ずプロテスタントの者がいる。すると、「フランスのために戦う」

ということが、「カトリックのために戦う」ということにならない。敵国の軍隊も、宗教的には「混ぜ混ぜ」である。だから、戦争があっても、それは「宗教戦争」にならない。

軍隊だけでなく、国のあらゆる面で、宗教的にはさまざまな流れの者が担当するように配置する。役人や、学校の先生、また政府の要職担当者などである。フランス革命以降は、ユダヤ人も、この「混ぜ混ぜ」に加えられる。

「私は○○派だ、だから、私は正しい。△△派は、私と違う立場である。だから、彼らは悪である」、宗教的には、こうした「正義の立場」があるのかもしれない。しかし、世俗の政治、「nation」の現実では、「○○派」も「△△派」も、共に生活し、共に戦わねばならない。「正義」という用語を用いるならば、「nation」の状態が正義であり、この「nation正義」の枠内で、多様な宗教的正義は、相対化されてしまう。相対化されてしまう「正義」は、もはや「正義」ではない。「正義」があれば、「不正義」「悪」があるはずで、それらは存在さえも許されるべきでない。それなのに、「不正義」「悪」であるはずの「別の正義」も、その存在を認めねばならない。同じ「nation」のメンバーとして、共に生きていかねばならない。宗教的立場は、どれも、もはや「正義」になれないのである。

これは、きわめて巧妙な「世俗化」の策であって、キリスト教組織の権威が根本のところで崩れはじめたことを意味する。そして、キリスト教の権威がこのように崩れるのは、そもそも、キリスト教が神に基づいておらず、「神をダシにして、どのように宗教組織をつくるか」という工夫をしている「宗教指導者」たちの思いつきに基づいていて、したがって、キリスト教の姿が、互いに相容れない多様な流れの総体になっているからである。

「世俗化」の進展・拡大は、他にもさまざまな面で認められる。

キリスト教は、かつては、人々の生活を全面的に支配していた。具体的には、たとえば、町や村の教会でのミサや礼拝に、しっかりした理由もなく長く参加しないと、普通の社会生活もできなくなっていた。日本風にいうなら、「村八分」のような扱いを受ける。しかし、世俗化が進むと、教会の活動に参加しなくても、社会生活ができなくなるようなことはなくなる。

こうした変化がはっきり生じるのは、場所によって違いはあるだろうけれども、十九世紀の半ば、一八五〇年あたりである。こうなると、日曜日に何をしていいのか分からなくなる人が増えてくる。そのような人たちがよからぬ行為に走らないように、スポーツが奨励されるようになる。日曜日にスポーツに興じる人たちが見られるという新しい社会風景の出現は、「世俗化」の効果出現の証左になっている。

「世俗化」の進展と残された課題

西洋近代のさまざまな動きは、キリスト教の支配からいかに逃れるかの工夫になっていると考えて観察すると、意義がよく見えてくることが多い。

たとえば、「世俗化」を文化の面で大規模に推し進めることになったのは、「ロマン主義」の出現である。十八世紀末、あるいは十九世紀初めあたりからの動きである。「ロマン主義」について調べると、美学上の「古典主義」との対比での説明ばかりがなされている。こうした理解が不適切なのではないが、重要な点が指摘されていない。「ロマン主義」は、美学上だけでなく、文化全体、人々の生活全体についての、教会の支配からの脱却の動きである。「ロマン主義」については、名前からだけでは内容が思い浮かべにくいので、困惑している人が多いようである。

私なりに敷衍《ふえん》した意味で命名しなおすと、「〈人間中心で、人間が素晴らしいと思うものはどれもそれなりに素晴らしい〉主義」である。「人間中心」というのは、「教会の権威に屈しない」という意味である。「ロマン主義」という語は、ごく狭い文化運動にだけ適用される場合もあるが、大きな言い方をするならば、十九世紀以降のすべての文化は、「ロマン主義」的である。自然は美しい、町の建築も美しい、女性も美しい、恋愛も美しい、教会建築も美しい、廃墟も美しい、人間の運命も美しい。教会建築を賛美するけれど、キリスト教を賛美しているのではない。キリスト教に感動しているのでなく、建築の美しさに感動しているだけである。教会の権威から解放されて、まったく世俗的に、さまざまな美しさを楽しんでいる。エッフェル塔も美しい、ノートルダム寺院も美しい。これは、観光の観点である。観光が重視されるのも、「世俗化」の表現である。

日本でも、こうした「ロマン主義的な宗教の相対化・世俗化」の動きが積極的に行われてきている。明治時代のロマン主義の大物であった与謝野晶子（一八七八〜一九四二）が、鎌倉の「長谷《はせ》の大仏」について読んだ短歌の事例は、有名である。仏像は、仏教の立場を形ある姿で示した、深い意味のある表現だと思ってしまう。ところが、与謝野晶子の有名な歌は、次の如くである（『恋衣』一九〇五年所収）。

鎌倉や御仏なれど釈迦牟尼は美男におはす夏木立かな

仏像が、「美男」とされて、美の表現のひとつとしてしか評価されていない。また、鎌倉の大仏は「釈迦」でなく、「阿弥陀如来」であって、与謝野晶子の歌では大仏についての基本的認識ないし知識の点で、明らかに誤りがある。与謝野晶子の認識が誤っていたとしても、そのことを周りの者が指摘するのは容易だったと思われるが、訂正されていない。間違っているのを、故意に残していると思われる。

しかも、鎌倉大仏がある境内に、つまり大仏の近くに、この歌の石碑が建てられている。仏教制度の側も、仏教の「相対化・世俗化」を是認していることになる。「美的観点からしか大仏が評価されていない」「仏教の教えについて、初歩的間違いが堂々と述べられている」、こうしたことは、「宗教的権威の相対化」「世俗化」のかなり意識的な政策の行動になっているとしか考えられない。

「科学技術」の工夫をはじめとして、さまざまな面での工夫によって、人々は、かなりのより良い生活ができるようになってきた。

今でも、もちろん、さまざまな面で不十分な様子が認められる。しかし、宗教的権威で、それらの欠陥をごまかす必要は大きく減退している。しかも、宗教なる制度が、独善に凝り固まった自己正当化集団を作り出して不必要な対立や争いを発生させてきたことを考えると、宗教なるものの役割は終わりつつあるとする「世俗化」の動きは、さらに進展させるべきだし、私などが議論をしなくても、これからもどんどんと進展していくと思われる。

しかし、「世俗化」の以上のような動きにも、大きな問題がはらまれている。

キリスト教の場合に見られるように、古代以来の、「宗教」の役割は終わろうとしている。歴史の中で、ある時期、有意義であった工夫が、時代と共に、その意義が失われることは珍しくない。分かりやすいのは、科学技術の進歩による、さまざまな道具の盛衰である。かつては、移動の手段として馬を用いることはきわめて有用だった。しかし、今は、機械仕掛けのさまざまな乗り物があって、馬は実用的でなくなっている。「宗教」といわれる立場が、かつては有用だったかもしれないが、その実用性は、急激に後退している。

残っている問題の、二つの大きな面を指摘しておく。

第一。宗教は、人々を狭隘《きょうあい》な思考の枠に閉じ込めて、一種の陶酔を実現し、人々を魅惑して、それなりの秩序を実現する面があった。「宗教」というと、神ないしそれに類した超越的現実が、それなりに利用されていることが条件であるような雰囲気が濃厚である。しかし、神的現実に特に言及しないで、社会的・政治的には、比喩的に「宗教的」といえるような独善的集団・組織が大きな勢力になるという問題が生じてきている。「世俗での〈宗教的〉集団」と呼ぶべきだろうか。しかし、従来からの「宗教」も実は「神なし」であるところに成立してきたのだから、これは「宗教」という用語を使うかどうかのレッテルの問題に過ぎないとも言える。

「宗教」と訳されている語である「religion」は、「人集め」という意味と、「(神などに)繋がっている」という意味があるかもしれない、という議論になっている。「宗教」という用語に、「神」の影がどうしてもつきまとうのは、この第二の意味があるかもしれないからである。人間や世界の全体を考えないで、現実の部分で、自分たちに都合のいい部分だけしか考慮しない立場を示す用語を使うべきである。

日本では、「宗教」は、西洋的概念の訳語である。従来は、たとえば「信心《しんじん》」などといった語が一般的だったようである。「誰々は、何々を信心してる」といった具合で、人間の態度に注目した言い方になっている。「宗教」が、神を重視して、実は「神なし」であることを考えると、この「信心」という用語は、世界について部分的にしか考慮しないで、自己満足・自己正当化する、という状態を指す語として適切かもしれない。キリスト教には「神学」は成立し得ず、「信仰学」しかない、といった指摘ができる。

そうすると、「神学」という学問区分の名称も、改良すべきである。「神学」は、神についての学問に限って用いられるべきである。「神なしの領域」で、神の社会的権威などをダシにして生じる「宗教」についての研究と区別されるべきである。しかし「宗教」という語は、神との実質的な関係があるような現実が問題になっている雰囲気が濃厚になってしまっている。そこで、「神学／宗教学」という曖昧な区別はやめて、「神学／信心学」とすると、区別がはっきりすると思われる。「神学／信仰学」としてもよいかもしれない。キリスト教には「神学」は成立し得ず、「信仰学」しかない、といった指摘ができる。

第二。「世俗化」を推し進める動力として、科学技術は、大きな役割を担ってきている。しかし、科学的態度にも、大きな欠陥がある。思い切って簡単に言ってしまうと、「数値化できない現実」は考慮しない、という立場を固めたところで、科学技術の飛躍的な進歩・進展がなされてきた。こうした立場をしっかりと確認したのは、やはりカントである。しかし、世界や人間は、「数値化できる現実」であるだけではない。これを「表現しきれていない現実」「しっかりと知られていない現実」が存在する、というべきだろうか。

この「捉えにくいけれど、重要なものとして存在する現実」は、実は、多くの人が感じている。不十分なのは、近代になって本格的に優勢になった科学技術の立場だけではない。人間が古代以来使ってきた「言語」にも、不得手な面がある。「言語」を使うと、それだけで隠れてしまう、見えなくなる現実がある。たとえば、「愛」の真剣な場面でおしゃべりすると、「愛」が壊れてしまう、といったことは多くの人が体験している。こうした体験で見え隠れする現実である。

「表現しきれていない現実」「しっかりと知られていない現実」をどう把握するのかは、未解決の課題になっている。従来からの「言葉」「言語」の便利さ、「科学技術」の目覚ましい成果に、魅惑されたままでいるのではなく、その枠を超えたところでのさらなる探求の余地がある。

第5章 日本とキリスト教の関係について

ストラスブール大学で学んだ十一年

ここで、日本とキリスト教の関係について、手短ではあるが、日本文明の全体のあり方をそれなりに考慮した指摘を試みる。

「序」で、日本と西洋、そしてキリスト教について、若干の考察を行った。西洋文明では「自由」が重要で、日本文明では「和」が重要だ、といった指摘である。これは要約になっているが、いくらかでもより具体的な解説が必要だと思われる。

私は日本の大学では、フランス文学を専攻した。大学卒業の後、もっと普遍的な広がりのある分野で考察したいと考えて、神学を勉強することにした。日本では、神学といっても、実は狭隘なピューリタン的自己満足の「信仰」「思い込み」をいかに上手く述べ立てるかという工夫がされているばかりで、学問になっていないし、神学になっていない。フランス文学を勉強しフランス語がそれなりにできたので、フランス語圏で神学を勉強するのは悪くないかもしれない、と考えた。紆余曲折があって、結局はフランスのストラスブールという町の大学の神学部に入学した。聖書の言語であるヘブライ語と古代ギリシア語を習得していない、ということで、学部の一年生から勉強することになり、博士号を取得するまで、十一年ほど滞在することになった。

ちなみにストラスブール大学は、フランスの国立大学である。フランスでは二十世紀初めに「政教分離法」が成立して、国立大学の神学部は廃止になった。有名だったパリのソルボンヌ大学の神学部も廃止されて今に至っている。なのに国立大学であるストラスブール大学に神学部があるのはおかしい、となるところである。これには、事情がある。「政教分離法」が成立した時には、ストラスブールがあるアルザス地方はドイツ領だった。アルザスはのちにフランス領になる。その時にアルザスでの宗教制度については、ナポレオンのコンコルダ（政教条約）が適用されることになった。だからアルザス地方のキリスト教とユダヤ教の聖職者は、公務員である。国立大学には神学部が存続した。「一国二制度」になっている。

ストラスブールの神学部で私は、「聖書学」、特に「新約聖書学」を専攻した。ドクター論文では「ルカ文書」（ルカ福音書と使徒行伝を合わせて呼ぶ際の名称）の「社会思想」をテーマにした。なぜ「社会思想」なのかというと、ルカ文書には「神学思想」がないからである。「ルカ文書」に限らず、新約聖書の諸文書には、本来的な神学思想が欠如している。このことは本書でも指摘した通りである。

「比較文明類型論」を構築する

そしてこのドクター論文で、次のような議論を行った。「ルカ文書」は後一世紀の八〇年代ころに執筆された文書である。キリスト教は、地理的にも人数的にも拡大しつつあるが、まだ小さな新興宗教集団である。こうした状況だが、「ルカ文書」の著者であるルカは、大胆な主張を行っている。

ルカの目の前には「世界支配」を実現しているローマ帝国がある。ローマ帝国の社会は、上下の二層からなる二重構造になっている。上層が自由人である支配者（ローマ人と、それに賛同するエリート層）、下層が隷属的な一般人である。

ルカは、キリスト教による世界支配の構想を提案する。ローマ帝国の世界支配の構造をそのまま利用する。ただしキリスト教の指導者たちが、ローマ人に代わって、上層の支配者になる。下層は、キリスト教の信者たち及びその他の者たちである。このような体制でキリスト教が世界を普遍的に支配する、というのがルカの主張である。

しかし、私の目には、こうした「上下の二層による世界支配」の考え方は、西洋的であって、そして西洋的でしかない、と映ってしまう。しかし、「ルカの構想は西洋的でしかない」と述べただけでは、西洋人には何のことかピンとこない。西洋人は西洋のことしか分かっておらず、西洋的なあり方のみが世界全体に存在していて、「非西洋的な領域」は、十分に西洋的でない、遅れた、可哀そうな領域だと考えている。いわゆる「オリエンタリズム」である。「オリエンタリズム」は、世界を「西洋」「東洋」に二分して理解しようとする立場で、「西洋以外」を一括して、「東洋」として、非西洋の諸文明のさまざまな相違を理解しないでよい、理解できない、という立場である。研究者としての視野がいくらか開けた人でも、イスラムについて少し勉強している程度である。

たとえば、インドと中国と日本の違いなど、直感的にも、何も感じていないし、分かっていない。「西洋」以外は「東洋」とひっくるめてしまって、平気でいる。西洋人の神学者となると、事態はさらに深刻で、普通以上に西洋中心主義・西洋独善主義であることがほとんどである。

そこでドクター論文では、西洋文明以外にも、異なったタイプになっている別の諸文明があることを、気づいていない者でも分かるように示す工夫をした。具体的には、諸文明についての類型（タイプ）を並べた「比較文明類型論」を構築した。

複雑で煩瑣《はんさ》に過ぎないよう、類型の数を最小におさえるべく配慮して、西洋文明類型の他に、中国型、日本型、インド型、を考えて、計四つの類型論とした（のちに、ユダヤ教の社会とイスラム社会を考慮した「一神教型」をつけ加えた)。ルカが主張している「キリスト教による世界支配の構想」は、「世界支配」を目指しているという点では、「普遍的」であるようだが、「ローマ帝国の〈世界支配〉の構造」つまり「西洋的な〈世界支配〉の構造」を引き継いでいるだけなので、「西洋的」でしかない。つまり、ルカの「キリスト教による世界支配の構想」は、「普遍主義的」だが、この「普遍主義」は「西洋的」でしかなく、つまり「地方的」である、と議論した(Takashi KATO, La pensée sociale de Luc-Actes, (coll. Etudes d'Histoire et de Philosophie Religieuses, No.76), Presses Universitaires de France, Paris, 1997)。

こうした指摘は、新約聖書学の分野では、まったく新しいものである。そして同じような広い視野をもった思索は、神学の領域ではもちろん、一般的な文明論などでも、他には出現していないようである。

普遍主義は「西洋的」で「地方的」

一九九六年に出版されたサミュエル・P・ハンティントンの『文明の衝突』は、世界規模で注目された。この著作では、日本は、「固有の文明」(distinct civilization)をもつ国、「孤立国」(lone country)であるとされて、日本文明が他のどことも同類にできない、固有で特異なものになっているとされた。しかし、こうした日本が、孤立していて、世界や地域を指導したり、あらゆる面で対等に連携したりするのが不可能だという指摘が並ぶばかりで、日本文明の「固有性」が具体的にどんなものなのかが、まったく検討されていない。

ユヴァル・ノア・ハラリの『サピエンス全史』（二〇一一年）、『ホモ・デウス』（二〇一五年）も、世界規模で注目された。しかし、この著作では、諸文明の違いがほとんど考慮されていない。ホモ・サピエンスが他のライバルを退けて、圧倒的に支配的になって以降の、文明時代の問題として扱われるのは、全人類に共通の問題ばかりである。地球規模で活動している国際組織の多くに見られる関心事項の様子に似ている。

たとえば、食料不足、病気、戦争である。こうした問題がきわめて重要であることは誰も否定できない。そして、こうした問題は、全人類に共通の問題として扱えるし、対処されてきている。そうしたことを検討しているうちに（念のため、「戦争」についてのハラリ氏の分析は、暴力の善悪の問題に終始している。三度目の世界大戦が生じていないことに見られる、世界経済制度の不備の問題に思い至っていないのは、致命的な欠陥である。私の論文Takashi KATO, Les changements significatifs du sens de « guerre » (la diversité chrétienne, l'état-nation, la « sécularisation », la poursuite des guerres à moyenne échelle), Théologie et Civilisations 1, 2023, pp.2-18参照)、諸文明のそれぞれに特有の問題は無視され、したがって、諸文明の間のさまざまな重要な違いは、存在しないかのようになってしまい、「スルー」されてしまう。そうこうするうちに、たとえば「よく手入れされた芝生」のテーマが、全人類共通の大問題であるかのように扱われる。「よく手入れされた芝生」が重要なのは、アメリカ合衆国とそれに類した領域だけではないだろうか。「ウサギ小屋のような家」、庭があっても「猫の額《ひたい》のような庭」、植物といっても、せいぜい盆栽か、時々購入する切り花、小さな鉢植えの小さなサボテンくらいという生活なら、私としても親しいのだが。

ハラリ氏が考慮できているのは、結局のところ西洋文明だけである。そのことに憤慨《ふんがい》するよりも、次のように考えるべきである。ハラリ氏は、地球規模で人類の文明全体について思索しているところの、きわめて優秀な人だと思われる。このような優秀な人でも、西洋文明以外の文明を本格的に認識するのは困難であることが実例で示されている。彼のように極めて優秀と思われる研究者でさえ、こうした限界があるのだから、他は推して知るべし、である。

こうした常識的な観点に比べて、私が手間暇かけて構築した「比較文明類型論」は、きわめて有効で、発見的価値(ユーリスティック heuristic な価値)が大きく、次元が違う発見的価値がある。この「比較文明類型論」のおかげで、たとえば日本とキリスト教の関係についても、本格的議論ができるようになる。

簡単に言えば、日本文明は、「和」の原則を重視する「ホリスティック（holistic）な」（全体で、皆で、ということを最優先する）社会である。

キリスト教で「世界支配」を企てられるような巨大で強力な勢力になっているのは、「西洋的キリスト教」「西洋の二重構造文明の型に適用したキリスト教」であり、ルカが構想した「ルカ的キリスト教」の延長線上にあるキリスト教である。この「西洋的キリスト教」は、「支配者」と「隷属的な者」という二重構造を前提としている。したがって「ホリスティックな」日本文明と、根本的に相容れない、両立できない。こうした事情があらかじめあるために、キリスト教は日本文明において支配的になれない、キリスト教は日本文明にそぐわない。こうした様子が理解できるようになる。

そうこうするうちに、人間の文明において古代以来大きな機能・意味を持っていた「宗教」「宗教一般」は、神を考慮しているような体裁だが、実は神を退けてはじめて成立する人間の組織でしかないことが明らかになり、宗教を退ける「世俗化」が進展する。キリスト教も、こうした、退けられるべき宗教の一つである。こうした状況が、徐々に優勢になっている。

こうした事態は、他の「非西洋的諸文明」についても同様に当てはまる。西洋的キリスト教は「西洋的」であり、つまり、「支配者」と「隷属的な者」という二重構造を前提としている。「非西洋的諸文明」は、「非西洋的」であって、「支配者」と「隷属的な者」という二重構造ではない、異なったタイプになっている。したがって、「西洋的キリスト教」は、「非西洋的諸文明」と、根本的に相容れない、両立できない、ということになる。

宗教は「敬して遠ざける」

日本とキリスト教の関係について、手短ではあるが、もう少し、指摘を試みる。

日本文明は、きわめて「非宗教的」である。日本についてあまりよく勉強していない外国人が、日本を訪れたとしよう。道を歩くと、実に多くの神社やお寺など、また他の大小の宗教施設がある。こうした様子を見ると、日本は大変「宗教的」だ、と思えてしまう。

しかし、日本人の大部分は、宗教に無頓着である。否定するのではないが、熱心でなく、習俗・慣習であったり、興味深い鑑賞の対象、つまり、もう少し今風に言うなら、観光の好奇心の対象でしかない。

本書で「ロマン主義」について触れた際に、広い意味での「ロマン主義」の態度においては、宗教建築なども、美的ないし遊興的な楽しみの対象でしかなくなっていると指摘した。日本は、「ロマン主義」的な文化運動を展開するべくもなく、元から、宗教的なものにはかなりの距離を置いてきた。「宗教」について、日本文明は当初から、「敬して遠ざける」といった態度だった。「宗教」を否定するのではない。「敬して」いるのだから、それなりに高い価値があるとされている。しかし、本格的には取り組まない。

こうした事情なので、さまざまな宗教・宗派が雑然と存在することになる。また、多くの人たちの宗教理解が浅薄《せんぱく》であり、それで済んでしまう。「神に構うな、仏《ほとけ》ほっとけ」などと言われる。こうしたことになるのは、日本文明の側から言うなら、「和」の原則が大切にされているからである。

「和」は、「全体主義（トータリタリアニズム）」ではない。整然と行進する軍人たちのように「社会のメンバー全員が同じ」であるべき、なのではない。「和」は、さまざまな人たちが共存するあり方である。人々の多様なあり方を認めつつ、社会全体としてのまとまりを維持するのが、「和」である。

したがって、日本文明も、「和」を保持するために、宗教的現象にかなり否定的になることがある。歴史の中で目立っている動きが、二度あった。

一つは奈良仏教。奈良時代の仏教は、当時の日本人のもっとも優秀な人々を集めたと思われる。能力のある者を惹きつける文化活動が、当時は他になかった。このために奈良仏教は高度に整備され、政治的にも大きな力をもつようになった。聖徳太子などが始めた「仏教による日本文化振興の政策」は、順調に進展して、それが、思った以上に順調に成果をあげてしまうことになった。日本は「仏教国」になりそうになった。

特定の宗教が「和」の世俗領域を支配することは受け入れられない。多様性を認める「和」の原則が消滅してしまう。奈良仏教を滅ぼすのでなく、従来の仏教勢力を奈良に留めたまま、京都へ遷都することで、この問題は解消した。新しい装いの仏教を導入して、仏教の中心を、比叡山と高野山の二つの山（世俗領域の外）に「敬して遠ざける」。

もう一つは、戦国時代末期あたりからの、一向宗とキリスト教。

一向宗は、日本の中に別の独立国を作るのかと思わせるような勢いになった。「殲滅《せんめつ》を目指す」と言えそうなほどの厳しい排除が行われた。しかし、この流れを完全に消滅させるのでなく、二つの本願寺といったような曖昧で相対的な制度的枠組みで、社会的におとなしくする限りで許容されている。

キリスト教も、独善的な支配勢力を形成しそうな勢いがあった。ここで「独善的」とは、多様性を「和」として認めるのでなく、自分たち以外を低価値・無価値な存在として、自分たちが支配的になろうとする態度のことである。キリスト教の「異邦人」「異邦世界」「Gentile」、という軽蔑語が、この態度を端的に物語っている。キリスト教は「島原の乱」（一六三七〜三八）で大きな打撃が与えられた。「島原の乱」は、私などが見ると、キリスト教徒を集めて一網打尽にするために仕組まれた「反乱」という雰囲気が濃厚だが、いかがだろうか。金地院崇伝《こんちいんすうでん》（一五六九〜一六三三）の知恵あたりが、背後にあったのかもしれない。

キリスト教についての当面の二つの方針

十九世紀後半に入り、明治になると、西洋文明に学ぶことが緊急で大規模な課題になる。西洋では「世俗化」（キリスト教離れ）が始まっていたが、キリスト教はかなりの影響力をまだ保っていた。キリスト教は、自由人である支配者がいて、一般民衆（古代なら「奴隷」）を支配するという二重構造を支えるように調整された宗教思想、宗教運動である。キリスト教は、「調整」できる。十六世紀の「宗教改革」という事件も、キリスト教が変化可能なことを示している。このように変化可能なことは、キリスト教の本質に深刻な問題があることを示している。

そして、西洋から学ぶということは、当時は（今も？）重要で緊急の課題になっていて、西洋とキリスト教は不可分だという（実は皮相的な）思い込みが一般的西洋人の側に根強いので、キリスト教を、むやみに否定したり、退けたりするのは、憚《はばか》られる。こうしたキリスト教に日本側としてどう対処するか。一世紀半ほど経った今振り返ると、二つの重要な方針が指摘できる。

(1)高校生程度で理解できる内容と態度で、それが〈キリスト教〉であり、〈救われていること〉とするような流れを、「キリスト教」だと思わせてしまう。用語を用いるなら「ピューリタン」とされるような流れである。

個人の小さな単純な理解（これを彼らは「ピュア」「純粋」「清い」と呼んで満足している）で「キリスト教徒」になれるとされるから、文明のタイプや文化の違いを無視して、どんな出自でも仲間になれる。「伝道」（仲間増やしの活動）が気軽にできる流れである。

彼らも彼らなりに独善的だが（自分たちは正しいとする態度を表明する日本語の用語が「キリ

スト者」、「キリスト者として云々」というように誇り高く発言する）、ひとりひとりを説得して、単純な生活をさせることが目標だから、大規模な社会や文明を根本的に変化させる力にはなりにくい。中小の規模の自己満足集団を作るくらいである。

(2)「キリスト教」の重要な指導者として、日本人が重視されるように仕向ける。「単純素朴小規模のキリスト教」は、個人的な「理解」を重視するから、独立した個人が形成されると思われるかもしれない。

しかしここでの「理解」は、錬成《れんせい》が足りない。高校生程度で理解できる「人間個人」でしかない。大人になっていない。自信がない。西洋におけるなら、「英雄崇拝」が必要だといったことが主張された時代（たとえば、カーライル〔一七九五～一八八一〕の時代）の人々の雰囲気に対応すると言えるかもしれない。だから、彼らには指導者が要る。この指導者が西洋人だと、日本文明の中に西洋文明の領域が混入してしまう。

明治の初期に、日本の北方の町にいた西洋人が、一年に満たない日本滞在だったのに、キリスト教を広める活動を行って、彼がほとんど神であるかのような尊崇《そんすう》を集め、その後も（今も？）ほとんど神のように扱われているという実例がある。彼が「神のよう」ということは、一般日本人は「神以下の存在」という構造ができてしまっていることになる。これが問題なのは、「日本が西洋に従属するのは許容できない」といった単純な問題ではない。日本文明と西洋文明は、根本的に異質だからである。日本文明は「和」の文明、西洋文明は自由人と一般の人々（隷属的な人々）の二重構造の文明だからである。

世界に広がっているキリスト教は、基本的に、西洋的で、指導者層と一般の隷属層が分かれている。しかし、「単純素朴小規模のキリスト教」の場合、指導者的な者も、かなりの程度「単純素朴」なので、厳しい支配が実施されるという雰囲気になりにくい。一方で、西洋人が指導者的な者だと、「単純素朴小規模の集団」でも、指導的な者の権威が堅固なものになってしまいやすい。これは「和」の原則の破壊につながる事態である。

日本の英雄的キリスト教指導者として日本人を登場させておくことは、日本の「キリスト教的人々」を日本文明の「和」の領域に留める上でかなり有効である。日本では、「日本人は、基本的には、皆同等」という通念が強力だからである。内村鑑三（一八六一〜一九三〇）は、こうした「日本人キリスト教の英雄的日本人指導者」の典型例である。「単純小規模のキリスト教」の理解を堂々と述べ、彼の発言が権威をもつ。「日本には内村鑑三がいる」（西洋人のヒーロー、指導者は不要である）と言える。その他、日本人がキリスト教的大学などの創立者となって、英雄のように繰り返し称賛される。「キリスト者として云々」と発言するような知識人が、知識人としての高位の職について、神学や聖書学は専門外なのに、いろいろと発言して、権威をもつ。「敬虔なキリスト者」などという用語が使われる。「敬虔な」（英語 pious, devout 仏語 pieux 古代ギリシア語「エウセベス」）は、良い意味であるかのように考えられているかもしれない。しかし、すでに確認したように、実は、「分かってないけど、形だけきちんとやっている」という意味である。「神を退けて、自分たちの善悪の判断で、自分たちは正しいと得意になっている」という意味である。「敬虔」といった程度で満足する者は、いくらか異質なところがあっても、大規模な文明を維持するには、ほぼ無害である。

日本人は、知識人とされるような者も含めて、たいてい、宗教そのものや、さまざまな宗派についての理解が、お粗末である。宗教については「遠ざける」「本格的に取り組まない」のであって、「分からなくていい」という文化だから、これは仕方ないかもしれない。しかし思索するはずの者は、キリスト教をはじめとする「宗教」の姿をしっかりと見極め、また、日本文明を含めた諸文明における「宗教」また「未知の超越的な領域」についての態度を見極めた上で、思索を進めるのでなくては、失格である。

あとがきにかえて

本書のタイトルは『キリスト教の本質』である。キリスト教なるものが本質的にいかなるものかについて、最重要の骨格のところをしっかり示すのが目的である。

キリスト教は「神なしの領域」での動きである。この「神なしの領域」で、救いが実現可能だと宣伝する（「宣《の》べ伝える」「（ギリシア語の）ケリュソ」という用語が用いられたりする）ところの「宗教ビジネス人間」の宣伝ないし指導によって生じる団体・組織、「救いを求めているけれども、救いが実現しない人々」が構成員になっている団体・組織である。「宣べる」というのは、揺るぎない権威の立場から規定したり命じたりすること、下々《しもじも》の者が異議をはさむことなど問題外であって、下々の者は「その通り」と認めて服従するしかないような命令を発することである。権威主義的な法律は「宣布」されるのであり、議論ができる法律は「公布」される。また「その通り」と認めるしかないことを表明する際のキリスト教の用語が「アーメン」である。

ここで「救い」とは、言い換えるなら、「神との実質的で生き生きした関係を持つこと」である。キリスト教の人集めの活動は、そもそも「神なしの領域」での出来事なので、そして、人間の活動・指図では神を動かせないので、この活動では、「救い」「神との実質的で生き生きした関係」は、もともとから生じるべくもない。そうした状況において、「救い」「神との実質的で生き生きした関係」を生じさせることができるというイメージを言葉その他の手段を駆使して示して、人々を惹きつけ、誘い、信じ込ませ、服従させる、人集めをする、という手順になっている。

したがって「宗教ビジネス人間たち」は、人集めが成功しそうな宣伝その他の活動を、何でもいろいろと試みる。効果のない場合、失敗に終わる場合も少なくないと思われる。しかし、人集めに成功する場合も少なくない。場合によっては、世界規模の巨大な勢力になったりする。「人集め」がうまくできるかどうかが成功・不成功の基準なので、「宣伝その他」の内容は、千差万別になる。このために、キリスト教には、大中小のさまざまな宗派・分派が生じることになる。

本書ではキリスト教について、以上のような本質的な姿を確認したが、こうした構造は

「宗教」と呼ばれている流れの多くに同様にあてはまる。ただし「宗教」とされるような全ての流れが、こうした構造で出来上がっているのではない。これは「宗教」という用語が、実は粗雑で、大雑把、いい加減だから、生じてしまう問題である。このことは、きちんと整理されるべきである。

本書には余裕がないので、ていねいな検討は別の機会に譲らねばならないが、ここで、この問題の実際的な姿が分かる実例を、身近なところから、指摘しておく。日本では、食事を始める時に、多くの場合「いただきます」と言う。全ての日本人がいつでも必ずそうするとは言えないかもしれないが、かなり広く認められる姿である。手を合わせる動作をする者も少しはいるようだが、そうしない者が多いようである。

そして多くの場合、一人で食事をする時、誰も見ていなくても、「いただきます」と唱えている。この「いただきます」は、誰に対して言っているのだろう。

「いただきます」という表現は、普通の会話でも使われている。「何かをもらう」「受け取る」「提供されたものを自分のものにする」といった意味である。貧乏で、生活、研究、思索が十分にできない、困っている、可哀そうな、しかし本格的な神学者に、誰かが無条件で巨額の寄付をすると申し出たら、「いただきます」ということになる。

しかし、食事を始める時の「いただきます」の場合、たいていは、誰か他の者によって提供される食事を「いただく」ことが問題になっているのではない。この「いただきます」は、それを唱えている人にもはっきりとしない何か大きな恵みの力やその恵みを与える者に対しての感謝が表明されている言葉で、「宗教」という用語を使うならば「宗教的行為」になっている。しかし、そこには、「いただきます」という者を、社会的に拘束しようとか、支配しようとする力の介入はない。「未知だが、存在する、恵みの力」との関係ないし繋がりの、純粋な確認になっている。こうした態度まで、「宗教」としてしまうのは、「宗教」という枠組みの厚かましい干渉になってしまっている。

この問題の様子が分かるように、もう少し具体的なイメージを、示すことができる。新約聖書の「使徒行伝」の一七章にギリシアのアテネにキリスト教の伝道者パウロが来ている場面がある。アテネには、さまざまな神にささげられた祭壇などがある。その中に、「知られていない神に」「未知の神に」とされている祭壇があるのをパウロは見つける。パウロは、その「未知の神」は、自分が広めようとしている「キリスト教の神だ」といった議論をする。

この「未知の神への祭壇」は、ギリシアの多神教の枠内での配慮である。さまざまな神への敬意が他の祭壇で示されていても、人間には気づかない神があるかもしれない、おろそかにされてしまう神がないようにという配慮から、念のためにこの「未知の神への祭壇」が設けられていた、と考えられている。

それなのにパウロは、少しでも介入の隙があれば、すべてを自分が宣伝している「宗教的枠組み」「キリスト教的宗教支配の枠組み」に取り込もうとする。

日本人が、食事を始める時に「いただきます」と述べる。どの神や神々に意識的に「信仰」「忠実な態度」があるのではないが、未知の力があるらしいことを認めて、神々を無視しない、神々への挨拶のようなものとして述べているのである。これは、アテネの場合と同じような宗教ビジネスのチャンスである。パウロがずかずかと、我が物顔で入り込んできて、「あなたが〈いただきます〉と言っている相手が誰か、教えよう。私が宣伝しているキリスト教の神だ」と断定しているようなことである。

「キリスト教」「宗教」がどのようなものかが、いくらかでも具体的に感じられるだろう。

キリスト教のことは分かっているからそれを教えよう、キリスト教の全体は手短に理解できるのでそれをまとめた、といったことを標榜《ひょうぼう》する本は、文字通り枚挙に暇《いとま》がない。

「この一冊でキリスト教が分かる」といった類の本である。キリスト教は、ユダヤ教の複雑きわまりない「律法」をたった二つの「愛の掟」で要約できると平気で主張するような流れだった。「分かっていることにする」のは、「宗教的人集め」を容易に効率よく進める上で、きわめて有効な方法である。新約聖書の諸文書の一つ一つ（場合によっては、いくつかの文書のグループ）が、すでにこうした「キリスト教お手軽理解」の実例になっている。

キリスト教は、これまでの二千年ほどの期間に、大中小の無数の分派に分裂しながら、地球規模に展開してきている。さまざまな分派は、互いに立場が異なり、仲間になれないから、分裂している。そしてそれらのどれも、互いには否定しあっているが、結局のところは「キリスト教ではない」のではない。したがって、大中小の無数の分派のすべての立場を、それぞれに十分に理解し、考慮するのでなければ、「キリスト教全体」を理解したことにならない。しかし、そのような作業は、量的に膨大すぎて実行不可能である。本書の第1章で指摘したとおりである。

しかし「この一冊でキリスト教が分かる」といった類の本は、「キリスト教が分かる」と断言している。実際には、著者が属していたりする、一つないしはいくつかの分派についての雑学的知識を並べて、それが「キリスト教全体」の姿だと決めつけているだけである。

「複雑な対象」が、ほんのわずかの部分に注意すれば「分かる」という、「〈群盲象をなでる〉の盲人のひとりの理解の〈不当な一般化〉」という操作が、ユダヤ教の「律法」について行われていることを指摘したが、同様の操作が、「キリスト教全体」についても行われている。キリスト教の理解を巡るこうした問題は、本書の冒頭ですでに検討した。

こうした過ちに陥らないために、本書では、キリスト教の成立当初の、キリスト教運動がまだ小規模だったころの状態を検討して、そこにキリスト教の根幹にあると言うべき構造を探ったのである。幸いにして、この方向での探索の見当が的中したものになった。

キリスト教の雑学的知識の一部を言い立てて、それが「キリスト教全体」だとする議論を検討するのは、どれも空《むな》しく、不毛なことである。

ではあるけれども、ここでは、せっかくの機会なので、『キリスト教の本質』という本書のタイトルと同じタイトルになっている有名な二冊の著作について、簡潔に検討しておく。

フォイエルバッハ『キリスト教の本質』（一八四一年）

Ludwig Andreas Feuerbach (1804-72), Das Wesen des Christentums, 1841

ハルナック『キリスト教の本質』（一九〇〇年）
Adolf von Harnack (1851-1930), Das Wesen des Christentums, 1900

どちらもドイツ語の本で、十九世紀中ごろ、そして十九世紀末の出版物である。どちらも「西洋文明にとってキリスト教は不可分で本来的なもの」という前提から逃れられておらず、本書の冒頭で、夏目漱石「マードック先生の『日本歴史』」（一九一一年）という文章について検討した際に確認したように、この点だけでもこの二冊『キリスト教の本質』は、根本的なところでの決定的な誤りを含んでいる。

年代順に、まず、フォイエルバッハ『キリスト教の本質』（一八四一年）について。この書物では「キリスト教批判がなされている」とされている。

フォイエルバッハにとっての「キリスト教」は、自分の周囲に手近に存在するキリスト教についての常識的理解でしかない。フォイエルバッハは、たとえば、「三位一体」について、あれこれ議論する。「三位一体」は、キリスト教が四世紀にローマ帝国の国教になった際のどさくさの中で「イエスは神」という立場が無理やり採用されて成立することになったことから生じた「ドグマ」「教義」である。つまり権威ある立場からの独断的な「主張」でしかない。ローマ教会がこの立場を横暴に押し付けるので、ビザンチン帝国では、かなり広範に、強烈な反感が生じた。つまり、「三位一体」の立場は、キリスト教全体で認められている立場ではない。こうしたことは教会史をいくらかでも学べば、知り得ることである。なのにフォイエルバッハは「三位一体」がキリスト教全体の立場であることを当然であるというような前提で、議論を展開する。

フォイエルバッハについては、「神学は人間学だ」という主張が有名である。フォイエルバッハの立場が「反キリスト教」だとされる事態を如実に表現している主張である。このことについては、まず、「神学は人間学でない」という点について指摘しなくてはならない。あたり前のことだが「神についての学問」が「神学」であり、「人間についての学問」が「人間学」である。しかし、世に行われている「神学」とされている営為のほとんど全てが、実は、人間の勝手な都合に合うように神の権威やイメージを利用するものになっているのが現実である。

本書での私の分析では、キリスト教は全てが「神なしの領域」での活動でしかないことが、明らかになった。

フォイエルバッハは、自分の周りのキリスト教をあれこれと吟味して、結局「神学は人間学だ」という結論に至った。これは「キリスト教で〈神学〉とされているものは、全てが人間の願望の客観的投影に過ぎない」という意味であって、「キリスト教は、〈神なしの領域〉での活動」という私の分析の結論に、つまるところ重なる指摘になっている。ただ、フォイエルバッハは、「キリスト教で〈神学〉とされているものは、すべてが〈人間学〉だ」と丁寧に言わずに、「神学は人間学だ」という、一見すると矛盾している、ショッキングな、衝撃的な表現を用いている。

しかし、落ち着いた立場からは、「キリスト教で〈神学〉とされているもの」がどうなのかはともかく、「神学一般」ということならば、「神学は人間学だ」はやはり言い過ぎである。ここでも、愛の問題との比喩で考えてみる。「愛についての人間の表現」は、全てが「人間の願望の投影」だ、と述べたとしたら、言い過ぎである。愛についての人間の活動や表現は、ほとんどが人間の狭隘な願望の投影でしかない、というのが現実かもしれない。しかし、愛には、人間の、人間的でしかない理解や活動を超えた、いわく言い難い力ないし動きがある。これをも無視してしまうと、愛を見誤ることになる。

神についても、全てが「人間的なものの投影」としてしまうのは、神そのものを完全に退けることになってしまう。私が「神との生き生きした関係」などと述べてきた次元が、ないものであるかのようになってしまう。

ハルナックは、当時のドイツの体制側のキリスト教専門家として、重視された人物である。本書で若干触れた森鷗外の『かのように』（一九一二年）で、主人公の日本人青年がドイツ留学中に、ハルナックにかなりの興味をもっていたとされている。

ハルナックは、当時のドイツで接することができる諸教会の伝統のどれかを簡単に肯定する、ということはない。本書での議論に沿って言うならば、新約聖書の諸文書の著者たちが「〈律法〉を退けた上での）イエスの神格化」を前提として、社会的・宗教的な人集めの方針をいろいろと考え出した作業を、ハルナックもそれなりに行おうとしている、と言える。

ハルナックが、マルキオン（二世紀に活躍したキリスト教の活動家。当時のキリスト教主流からは「異端」とされた）を高く評価することになるのは、この立場があるからである。ハルナックは、マルキオンの立場をただ客観的に研究するのではなく、キリスト教の枠内の一つの有効な立場として評価しようとしている。

『キリスト教の本質』の冒頭で、ハルナックは、ソクラテスが偉大な者だということを、

「大哲学者」であるジョン・スチュワート・ミル（一八〇六〜七三）の権威を借りて、断定的に（理由を示さずに）確認する。そしてハルナックは、イエスは同様に偉大だ、ソクラテス以上に偉大だ、と、これも断定的に、話を進める。これは、私が見ると、ヨハネ福音書の冒頭の手法に似ている。福音書記者ヨハネは、イエスが、ユダヤ教の「律法」に同定されるような高い権威の存在だと、いきなり断定する（福音書記者ヨハネは、「律法」のことを、「ロゴス」「言葉」という曖昧な表現で呼んで、多くの人々を煙に巻き、困惑させている）。

イエスがなぜそんなに偉大なのかを、ハルナックは説明しない。すでに偉大なもの（ヨハネの場合は「律法」「ロゴス」、ハルナックの場合は「ソクラテス」）を話題に出し、その「すでに偉大なもの」にイエスを比肩させ、そして、イエスは偉大だと主張してしまう。

イエスが比肩する、イエスが同等の権威をもつとされているのは、ヨハネ福音書の場合は、ユダヤ教の「律法」であり、通念としては「神的」ではあるけれども、実は神ではなく、「神なしの領域」における神的の権威の（従来のユダヤ教の枠内での）最高位のものだった。「イエスは、律法のように偉い」が、ヨハネ福音書の議論である。ハルナックにおいてイエスが同等の権威をもつとされるのは、ソクラテスである。ソクラテスは、いくら偉大だといっても、明らかに人間でしかない。それなのに、「イエスは、ソクラテスのように偉い」という議論をハルナックは平気で行う。これも、一応は「イエスの神格化」に類する操作だが、「イエスの偉さ」が、明らかに人間である者に比肩するという指摘で十分だとされている。イエスの偉大さは、人間的・世俗的な偉大さとして位置づければよいという、「キリスト教の人間化」の意図的な操作だと思われる。「イエスは偉大で、権威があるが、神ではない」という立場になっている。「キリスト教の世俗化」は、キリスト教そのものの権威を退ける流れが主流だが、キリスト教の権威を保持しながら、キリスト教が神的であることを解消して、キリスト教を社会的に利用しようとする立場もあって、その実例になっている。

キリスト教には、イエスの権威をあまり強調せず、キリスト教的枠組みの中で自分たちの宗派の指導者を神であるかのように祭り上げる、高く位置づける、といった方略を展開する流れもあって、それがかなりの効果を生んでいる実例もある。二十世紀の後半、テレビでのキリスト教宣伝番組や、巨大な野球場のような大施設での大人数相手の宣伝などで、世界規模で有名になったキリスト教（ピューリタン的流れ）の者がいる。この流れでは、中心的な「説教者」「指導者」の者が、ほとんど神であるかのように喧伝《けんでん》された。

今から半世紀ほど前、私が高校生だったころ、その「説教者」「指導者」がなぜそんなに偉いのかと尋ねたところ、「彼はアメリカ大統領と握手したことがある」という答えが、即座に帰ってきた。キリスト教徒であることの利益《りやく》として、シャツの胸ポケットに小型の聖書を入れていて、彼が銃撃を受けた時に、弾がちょうどその聖書に当たって、命が助かった、という話も何度も聞かされた。さらに、最近、そのピューリタン的流れのキリスト教の者の話を聞く機会があった。かつての「説教者」「指導者」は、すでに亡くなっている。ところが、その有名人の息子のことが話題にされて、彼（息子）が「アメリカ大統領と握手している」写真が、誇らし気に示された。最高位の権威があるとされているのは、イエスでさえもなく、「説教者」「指導者」の「最高位の権威」が「アメリカ大統領との握手」で十分に証明されていることになっている。ヨハネ福音書に見られる、「イエスは羊飼い」という主張は、似たようなレベルでの比喩利用になっている。これで、世界規模での大人数の信奉者を集めている。キリスト教が、こうした「低水準」になってしまっている、というので憤慨《ふんがい》するのは的はずれである。

キリスト教は、「宗教」であって、一方では高尚そうな装いも工夫するが、低級なレベルの議論や誘導も、効果があれば平気で行う社会活動であって、人集めを効率よく行って、大きな社会勢力になることだけが目的であり、「宗教ビジネス」でしかないからである。「イエスは羊飼い」という断定は、学ばされるところが多い。羊飼いは、牧畜業において羊たちを飼育する。「イエスは羊飼い」という断定を肯定的に受け入れる者は、「自分は羊同然だ」ということを受け入れることになる。羊は、動物であり家畜であり、人間に都合よく利用されるために育てられ、毛を刈られたり、殺されて食用にされたりする。「お前たちは、羊などの家畜同然だ」と述べたら、反発が大きいと思われる。ところが、「お前たちは、羊などの家畜同然だ」ということを「イエスは羊飼い」という言い回しで述べると、変に納得してくれる。

「お前たちの最高指導者は神ではない」とは、言わないようである。しかし「お前たちの最高指導者は、アメリカ大統領が握手したことが最高の経験であるという程度の者だ」と宣伝すると、多くの者はおとなしくなる。こうした者たちにとって重要なのは神との生き生きした関係を実現することではなく、自分自身を社会宗教的に正当化してくれる雰囲気に没入することである。たとえば「私は〈キリスト者〉であって、立派な人間なのだ」と威張る（自分には社会的価値があると示して、相手を屈服させる）ことができたりする。

ハルナックの『キリスト教の本質』は、こうした類の「宗教的人集め戦術」の実践の書物である。

新約聖書の諸文書の著者たちが、自分が主張する「イエス」や「教え」のあり方が唯一の正しい適切なあり方だと主張するように、ハルナックの議論も、自分なりの「イエスの位置づけ」や「教え」が適切だとする、「神なしの領域」での議論になっている。だからハルナックは、既存の教会などの主張を退けて、「キリスト教の本質」は何かを示せると主張できることになる。

ハルナックの『キリスト教の本質』が出版されたのは、一九〇〇年。「世俗化」「キリスト教離れ」が、かなり進展している時代である。ひとつの目安になるフランスの「政教分離法」が成立したのは、一九〇五年である。「キリスト教離れ」ということで、従来の諸教会の圧力から逃れようとする動きが、大きな流れになっている。しかし、西洋文明にとってキリスト教は不可分であり本来的だという通念を放棄できないレベルにとどまっている政府当局もあった。そこで、従来からの諸教会の権威から距離を置くけれども、「キリスト教的」ではある状態にとどまっているハルナックの立場が重宝されたと考えられる。

ちなみに、ソクラテスが、どうしてそんなに偉大なのか、重要なのか、人々は分かっているだろうか。ここでは丁寧に説明できないが、きわめて短く言うならば、言葉の「美しく、そして良い、使用（〈ペリ・タ・カラ・カイ・アガタ〉の使用）」を、しつこく強調して、言葉による論理的な（ロゴス的な）議論の姿を確立した、これが彼の中心的功績である。このことには、もちろん功罪がある。利点と欠点がある。言語の欠点については、すでに簡単に指摘した通りである。いずれにしても、議論をするには、「ギリシア人のように」、つまり「ソクラテスが確立したように」言葉を駆使しなければならなくなり、本書での私の議論がきわめて論理的なのも、つまるところ、ソクラテスの圧倒的な影響下にあるからである。

本書の出版にあたっては、ＮＨＫ出版の加藤剛氏にたいへんお世話になった。加藤剛氏は、本書でのさまざまな議論の枢要な点について、実に適切な対応を次々に示されるので、驚かされることが多く、また本書の議論の進め方をあれこれと改善することを可能にしてくれた。あらためて、感謝を表明する。

二〇二三年九月　　　　　　　　　　加藤　隆

編集協力　湯沢寿久
校閲　福田光一
図版作成　小林惑名
DTP　山田孝之

加藤 隆 かとう・たかし
1957年生まれ。千葉大学人文科学研究院名誉教授。
ストラスブール大学プロテスタント神学部博士課程修了。
東京大学大学院総合文化研究科超域文化科学専攻博士課程修了。
神学博士。専門は、聖書学、神学、比較文明論。
著書に『新約聖書はなぜギリシア語で書かれたか』『一神教の誕生』
『歴史の中の「新約聖書」』『旧約聖書の誕生』『「新約聖書」の誕生』
『別冊NHK100分de名著 集中講義 旧約聖書』など。

NHK出版新書 708

キリスト教の本質
「不在の神」はいかにして生まれたか

2023年10月10日 第1刷発行
2023年11月10日 第2刷発行

著者 加藤 隆
発行者 松本浩司

発行所 NHK出版
〒150-0042 東京都渋谷区宇田川町10-3
電話 (0570) 009-321(問い合わせ) (0570) 000-321(注文)
https://www.nhk-book.co.jp (ホームページ)

ブックデザイン albireo

印刷 新藤慶昌堂・近代美術

製本 藤田製本

落丁・乱丁本はお取り替えいたします。定価はカバーに表示してあります。
Printed in Japan ISBN978-4-14-088708-0 C0216

NHK出版新書好評既刊

徹底討論!
問われる宗教と〝カルト〟
島薗進　釈徹宗
若松英輔　櫻井義秀
川島堅二　小原克博
人を救うはずの宗教。〝カルト〟との境界はどこにあるのか。第一線にいる研究者・宗教者6人が、宗教リテラシーを身に付ける道筋を照らす。
692

モチベーション脳
「やる気」が起きるメカニズム
大黒達也
意識的な思考・行動を変えるには、無意識の「脳のやる気」を高めることが重要だ。脳が「飽きない」ための仕組みを気鋭の脳神経科学者が解説。
693

早期教育に惑わされない!
子どものサバイバル英語勉強術
関　正生
早期英語教育の誤解を正し、お金と時間をかけずに子どもの英語力を伸ばすコツを伝授。700万人を教えたカリスマ講師による待望の指南書!
694

道をひらく言葉
昭和・平成を生き抜いた22人
NHK「あの人に会いたい」制作班
先達が残した珠玉の言葉が、明日への活力、生きるヒントとなる。不安の時代を生きる私たちの背中をそっと押してくれる名言、至言と出合う。
695

牧野富太郎の植物学
田中伸幸
牧野富太郎の研究、普及活動の真価とは? NHK連続テレビ小説「らんまん」の植物監修者が、「天才植物学者」の業績をわかりやすく解説する。
696

小説で読みとく古代史
神武東遷、大悪の王、最後の女帝まで
周防　柳
清張は、梅原は、黒岩重吾や永井路子は、こう考えた——。気鋭の作家が、先達の新説・異説を踏まえて「あの謎」に迫る、スリリングな古代史入門書。
697

NHK出版新書好評既刊

英文読解を極める
「上級者の思考」を手に入れる5つのステップ
北村一真
上級者の思考プロセスに着目し、文構造の把握や語彙増強の方法、自然な訳し方までを解説。多様なジャンルに対応する読解力を身につける。
698

ロシアの眼から見た日本
国防の条件を問いなおす
亀山陽司
急変する東アジア情勢の中で、地域の安定を生み出すために必要な国防の論理とリアリズムとは？元駐露外交官が日露関係史から解き明かす。
699

Z世代のアメリカ
三牧聖子
綻ぶ超大国・アメリカで育ったZ世代は、今どのように政治や社会と対峙しているのか？気鋭の国際政治学者が、アメリカ社会の今と未来を描き出す。
700

大人のための「中学受験算数」
問題解決力を最速で身につける
永野裕之
中学入試の算数は、数学的発想が磨かれる良問の宝庫だ。難関中の入試問題を解くことで未知なる課題を解決する力を養える画期的な一冊。
701

徹底解説
エネルギー危機と原発回帰
水野倫之
山崎淑行
原発回帰の課題から再生可能エネルギーの現状まで、NHK解説委員・デスクが日本のエネルギー問題を徹底解説。池上彰氏との特別鼎談も収載！
702

昭和ブギウギ
笠置シヅ子と服部良一のリズム音曲
輪島裕介
大衆音楽史研究の第一人者が楽譜草稿などの貴重資料を渉猟し、「ブギの女王」と「スウィングの申し子」コンビが近代の芸能に遺した業績を書き尽くす。
703